U0813459

上海图书馆馆藏拂尘·老课本

商务国语教科书

（上册）

庄俞等◎编写
张元济◎校订

上海科学技术文献出版社

序

旧书新读的意义

赵长天

鸦片战争以后，以科举为中心的封建教育体系随着中国封建社会的解体而发生了根本性的变化。私塾和书院被西式的学校所逐步替代。到了辛亥革命，帝制被废除，旧的教育机构基本上更换成了新式的学校。在体制和教育方法上，当时的学校是基本照搬西方的，但是教学的内容没有寻找到突破口，即教材没有革命。新文化运动以后，白话文兴起，四书五经被雪藏了，于是有了新编教材。上海科学技术文献出版社这次重新影印出版的，就是在中国教育制度发生根本变革以后使用的比较广泛的三套小学国文教材。

各个国家无不重视教育，因为它是社会发展进步的根本。教育又是最难的一件事情，特别在社会大变动的现代。教育要规范，要有公认的评定标准，那就必须保持相对的稳定；教育又要与时俱进，要适应瞬息万变的时代步伐。这两条要求对于教育，都是理所当然的必需，却又相互对立，于是注定了教育的两难。简单地对现行教育表示不满是最容易的，但也最没有意义。在一片对现行教育不满的讨伐声中，出版这套老课本系列，从对历史的回顾中，总结现代教育的经验，倒是对教育的改革和发展有着实际的意义。

张元济、叶圣陶、丰子恺都是一代大家，我们难以想象现在的大作家大画家来屈身编写“先生，早。”“小朋友，早。”但他们大概不觉得大材小用，因为他们知道，这些看来最浅近最简单的文字，是最重要的文章。人的智力的开发、道德情操的培养、人格的确立，最要紧的是在幼儿、小学时期。最不能糊弄的是孩子。把真善美、把爱、把正直传达给孩子，是为人的一生打基础，也是为一个健康的社会打基础。

真理其实并不复杂。就像自然科学中的公理一样，真理都能用最简单的语言表达。能把做人最要紧的道理用最浅显明白和生动有趣的文字表达出来，才是大家。所以，这套老课本系列的重印，对于现在的教育工作者很有借鉴和启迪的作用，也可以作为儿童的课外读物。特别是叶、丰合作的开明课本，我相信孩子们会喜欢；即使成年人读读看看，也不是浪费时间，有时候，最简单的道理是最容易忘记的。

作者系上海作家协会副主席
《萌芽》主编、新概念作文大赛策划人

表现和培育儿童的探索精神

徐根荣

深秋的阳光下，我的书桌上放着一叠很特别的书稿清样。说它特别，因为这不是一般意义上的儿童读物，而是被历史掩埋了近百年的一套低年级语文课本——《商务国语教科书》《世界书局国语读本》《开明国语课本》。在人类大步跨入21世纪的今天，上海科学技术文献出版社重新选编出版这套尘封百年的老课本，它们能遇到读者吗？

带着疑问，怀着好奇，我顺手打开了这本散发着油墨芳香的清样。随手翻到的一篇是《太阳》，跳入我眼帘的是几个十分生动的短句：

太阳，太阳，
你起来得早。
昨天晚上，
你在什么地方睡觉？

以太阳为题材的课文，在语文课本中出现的频率是相当高的，但这一篇却与众不同。它写的是儿童的视角，表现的是儿童的心理，用的语言是儿童的口吻。读着那几句天真的话语，我仿佛真切地看到一个可爱的小朋友在和太阳公公对话，而对话的内容是他心里一直存在的疑问："你起得这么早，昨天晚上在什么地方睡觉呀？”这样的问题，很可能是许许多多小朋友心里都曾经有过的，而课文正是借这个小朋友之口写出了儿童最可宝贵的好奇心和求知欲。所以不知哪个教育家说过，原话记不清了，大意是儿童的心里有问不完的问题，他们是天生的探索家。我想，表现并培育儿童的这种探究精神，正是语文教材编写者义不容辞的责任。

就这样，这套百年老课本一下子吸引了我的注意。我一篇一篇地翻阅下去，精彩的篇目令我目不暇接。有些课文我品味再三，不愿意翻过，真有点爱不释手。如《小猫姓什么》，取材于儿童间的生活小事，写的全部是两个小孩的对话。一个问得天真，一个答得有趣，让我们看的人不禁哑然失笑。又如《绿衣邮差上门来》，巧妙地给“信”编了一则别有情趣的谜语。特别是“薄薄几张纸，纸上许多黑蚂蚁。蚂蚁不做声，事事说得清了。”这几句，给信以生命，给信以情感，给信以色彩，真的是把“信”写活了！对这样妙趣横生的课文，哪一个小朋友会不爱读呢？有哪一个聪明的孩子会猜不出这个谜呢！有几篇课文既是琅琅上口的儿歌，又是孩子们百玩不厌的游戏。学生上课的时候可以边学边唱，边唱边玩；可以一个人玩，也可以几个小朋友一起玩。这是情境化、游戏化的课文。如《摇摇船》《火车往北开》《飞机快》等。而知名度最高的大概要数《一箩麦》，那真是家喻户晓、妇孺皆知的。因为直到现在，我还常常听到爷爷奶奶在教自己的小孙子一边唱，一边做拍大麦的游戏："一箩麦，两箩麦，三箩麦，大家来拍麦。劈劈拍！劈劈拍！小麦新，做面粉。大麦黄，做麦糖。劈劈拍！劈劈拍！……"在课本中，还有一些寓言、笑话、自然故事、生活趣闻、历史传说和儿童歌谣，好多课文都是适合儿童学习心理、符合儿童阅读口味的妙文佳作。限于篇幅，我不能再一一介绍。

当然，老课本文白交加的语言和一些久远的生活内容，可能会让今天的学生感到陌生，但它丰富的取材、有趣的内容、活泼的文体、规范的语言、精美的插图和新颖的编排，一定能引起人们的阅读兴趣。

写到这里，作为现行小学语文教材的编写者我不禁对《开明国语课本》的编写者肃然起敬。开明课本均出自叶圣陶先生的手笔，有的是创作，有的是再创作。课本的文字采用学生喜欢的手写体，全部由丰子恺先生亲笔书写。丰先生还给每一篇课文精心绘制了插图，插图不仅仅是文字的说明，而且起到了启发思考和想象的作用，图画与文字融为一体，相得益彰，使教材锦上添花。一位是大作家，一位是大画家，他们能为小学教材倾注这么大的精力，这在中外教材编写史上不说绝无仅有，也恐怕是很少见的。

历史在新旧交替中向前发展，文化在传承中不断更新。相信昔日的老课本会给我们的教育工作者以有益的启示，祝愿“上海图书馆馆藏拂尘·老课本”在今天的孩子中找到自己的知音。

作者系《上海市小学语文教材》主编

目 录

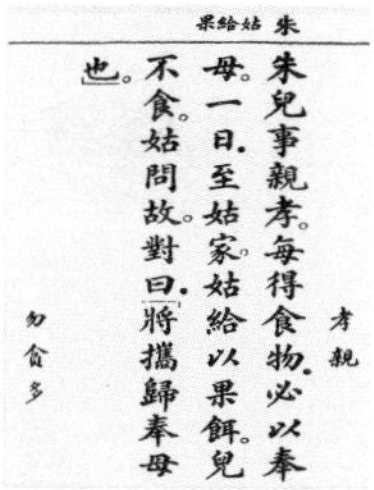
朱 姑給果

孝親

朱兒事親孝。每得食物。必以奉母。一日。至姑家。姑給以果餌。兒不食。姑問故。對曰。將攜歸奉母也。

勿貪多

拳 痛心 哭 勿貪

瓶中有果。兒伸手入瓶。取之滿握。拳不能出。手痛心急。大哭。母曰。汝勿貪多。則拳可出矣。

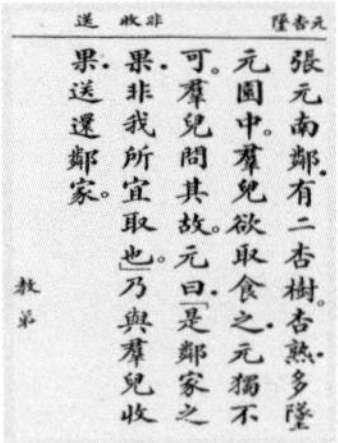
元 杏 墜　非 敢 送

張元南鄰，有二杏樹。杏熟，多墜元園中。羣兒欲取食之，元獨不可。羣兒問其故。元曰，「是鄰家之果，非我所宜取也。」乃與羣兒收果，送還鄰家。

教 第

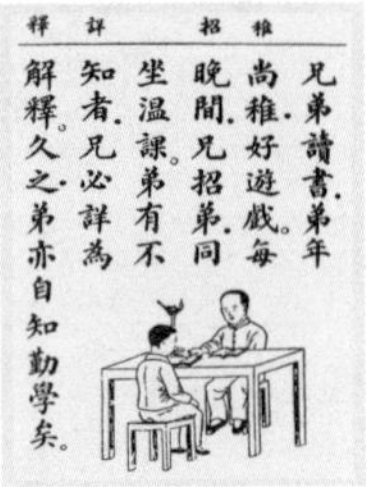

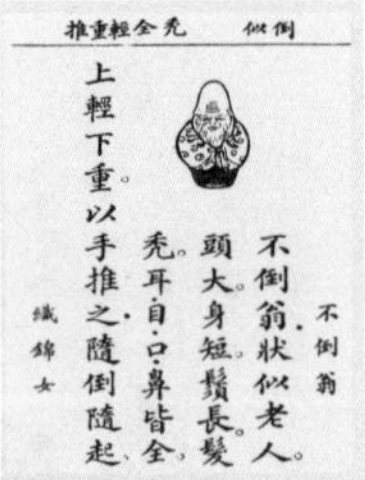

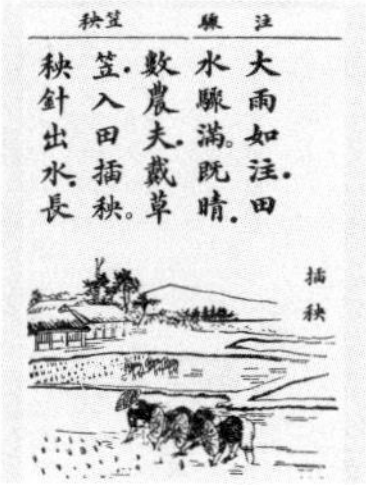
注 驟 笠 秧
大雨如注。田水驟滿。既晴。數農夫。戴草笠。入田插秧。秧針出水。長
插秧

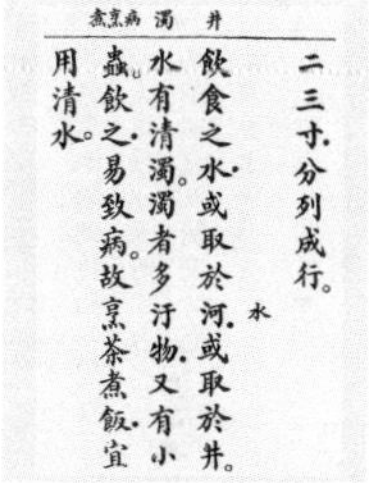
井 濁 病 烹 煮
二三寸。分列成行。
水
飲食之水。或取於河。或取於井。水有清濁。濁者多汙物。又有小蟲。飲之易致病。故烹茶煮飯。宜用清水。

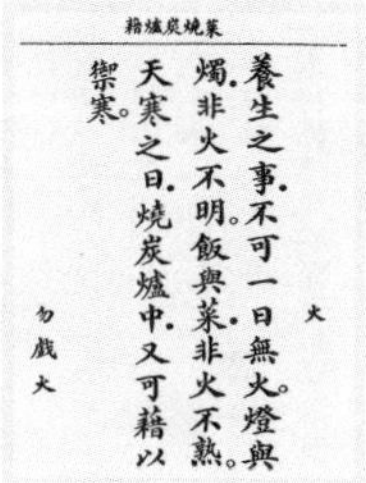
菜 燒 炭 爐 藉
火
養生之事。不可一日無火。燈與燭。非火不明。飯與菜。非火不熟。天寒之日。燒炭爐中。又可藉以禦寒。
勿戲火

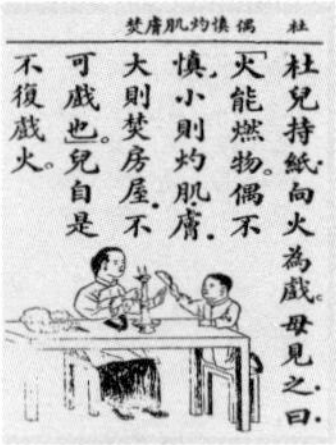

杜兒
杜兒持紙向火為戲。母見之。曰。「火能燃物。偶不慎。小則灼肌膚。大則焚房屋。不可戲也。」兒自是不復戲火。

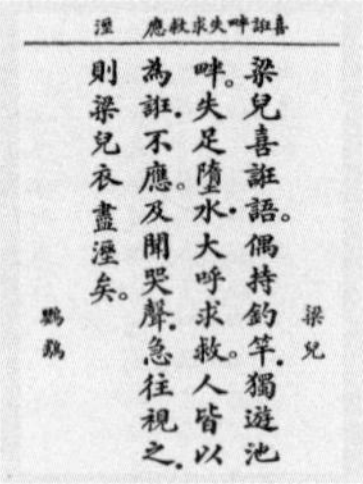

梁兒
梁兒喜詐語。偶持釣竿。獨遊池畔。失足墮水。大呼求救。人皆以為詐。不應。及聞哭聲。急往視之。則梁兒衣盡溼矣。
鸚鵡

蝴蝶
園花盛開。花上有蝴蝶。六足。四翅。色甚美。妹舉扇撲之。姊曰。「蝴蝶之翅有毒粉。能傷目。不可撲也。」妹從之。

適經舅敲借傘

借傘

兄弟自校中歸.路遇大雨.衣盡溼。適經舅家.敲門借傘。舅見之.急攜入室。曰.「溼衣在身.將生

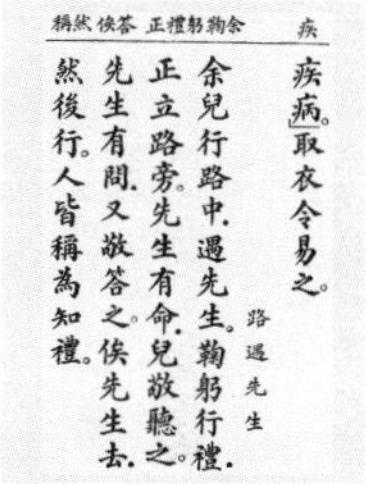

疾 余鞠躬禮正 答俟 然稱

疾病。」取衣令易之。

路遇先生

余兒行路中.遇先生。鞠躬行禮.正立路旁。先生有命.兒敬聽之。先生有問.又敬答之。俟先生去.然後行。人皆稱為知禮。

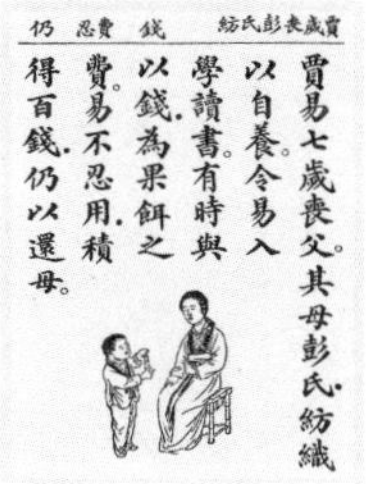

賈歲喪彭氏紡 錢 費忍 仍

賈易七歲喪父。其母彭氏.紡織以自養。令易入學讀書。有時與以錢.為果餌之費。易不忍用.積得百錢.仍以還母。

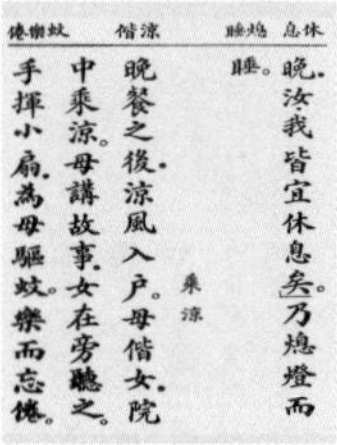

晚。汝我皆宜休息矣。乃熄燈而睡。

乘涼

晚餐之後。涼風入戶。母偕女。院中乘涼。母講故事。女在旁聽之。手揮小扇。為母驅蚊。樂而忘倦。

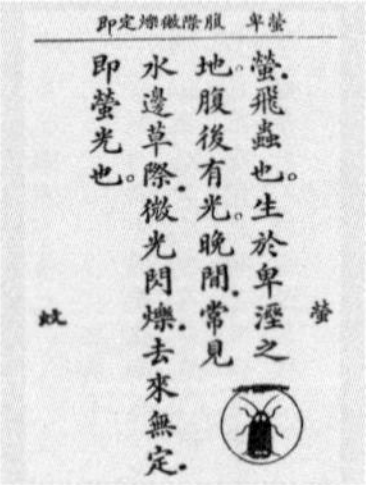

螢

螢。飛蟲也。生於卑溼之地。腹後有光。晚間。常見水邊草際。微光閃爍。去來無定。即螢光也。

蚊

荷

池中種荷。夏日開花。或紅或白。荷梗直立。荷葉形圓。莖橫泥中。其名曰藕。藕有

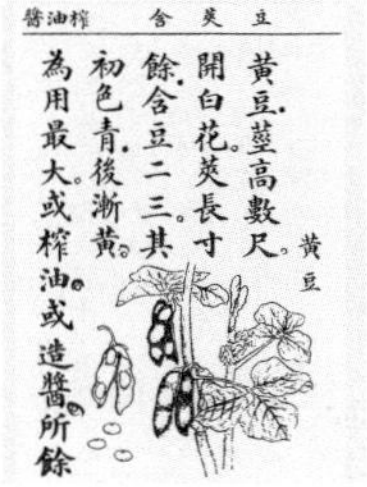
豆 莢 含 榨油醬

黃豆

黃豆。莖高數尺。開白花。莢長寸餘。含豆二三。其初色青。後漸黃。為用最大。或榨油。或造醬。所餘

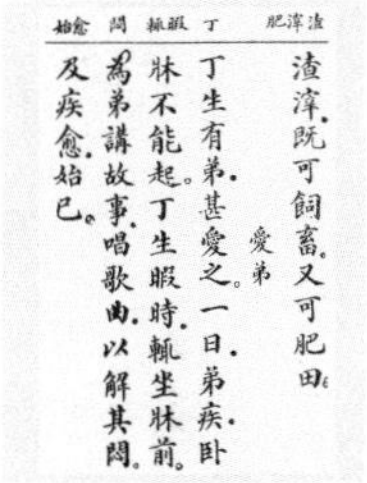
渣滓肥 丁 暇輒 悶 愈始

渣滓。既可飼畜。又可肥田。

愛弟

丁生有弟。甚愛之。一日。弟疾。臥牀不能起。丁生暇時。輒坐牀前。為弟講故事。唱歌曲。以解其悶。及疾愈。始已。

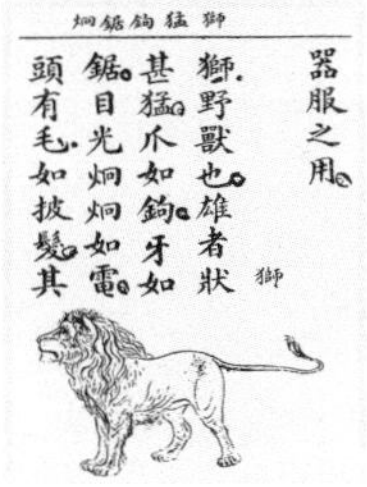
獅 猛 鉤鋸炯

器服之用。

獅

獅。野獸也。雄者狀甚猛。爪如鉤。牙如鋸。目光炯炯如電。其頭有毛。如披髮。其

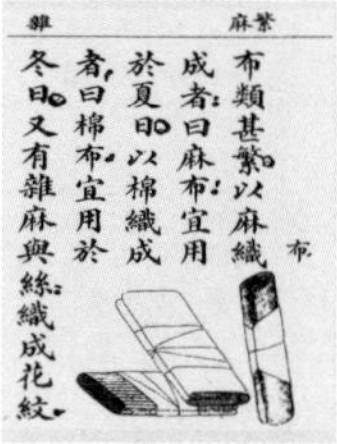
繁麻 雜

布

布類甚繁。以麻織成者、曰麻布、宜用於夏日。以棉織成者、曰棉布、宜用於冬日。又有雜麻與絲、織成花紋。

第1课 入学

第2课 敬师

第3课 爱同学

第4课 课室规则

第5课 操场规则

第6课 仪容

第7课 早起

第8课 清洁

清潔（二）

第9课 应对

第10课 孝父母

第11课 友爱

第12课 慎食

第13课 衣服

第14课 温课

第15课 勤学

第16课 游戏

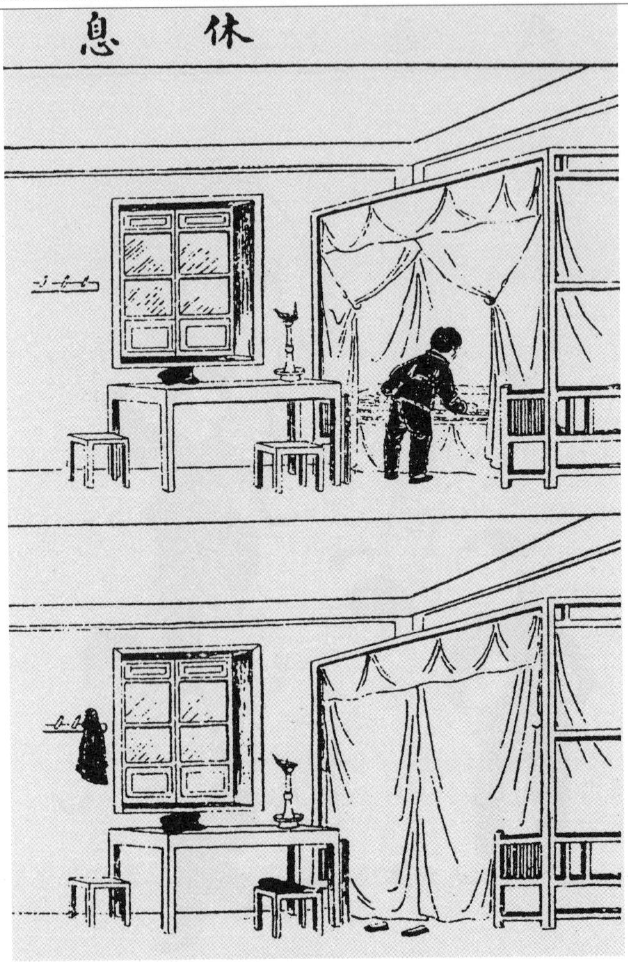

第17课 休息

第18课 守时刻

第19课 好学

第20课 守秩序

第21课 诚实

第22课 整理

第23课 专心

第24课 勤操作

第25课 亲恩

親恩

第26课 爱亲

第27课　敬老

第28课 敬客

第29课 公平

第30课 礼节

第31课 扶助他人

第32课 公德

第33课 爱生物

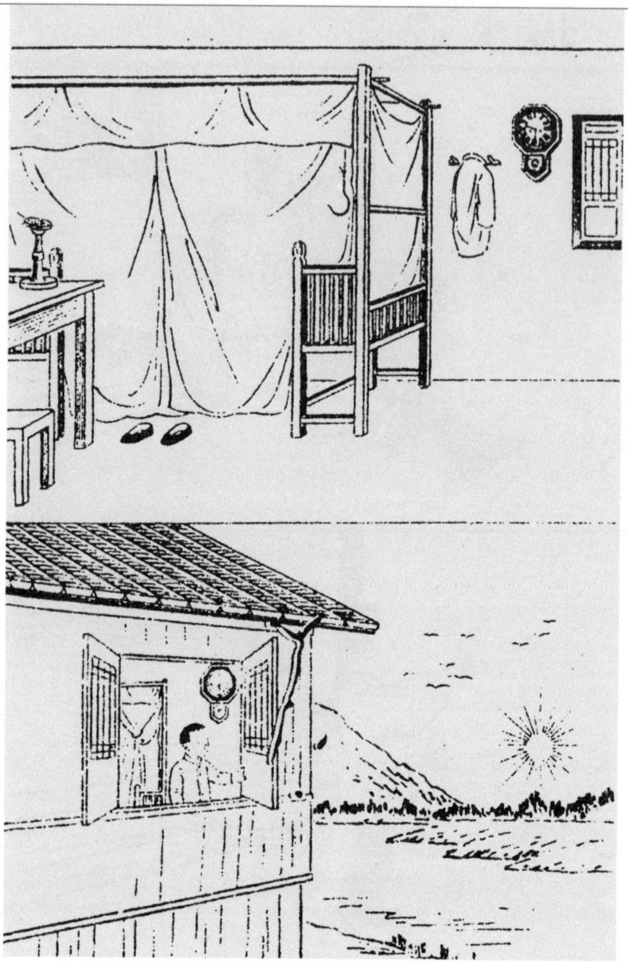

第34课 起居

夜间早眠，日间早起。

起居

夜間早眠

日間早起

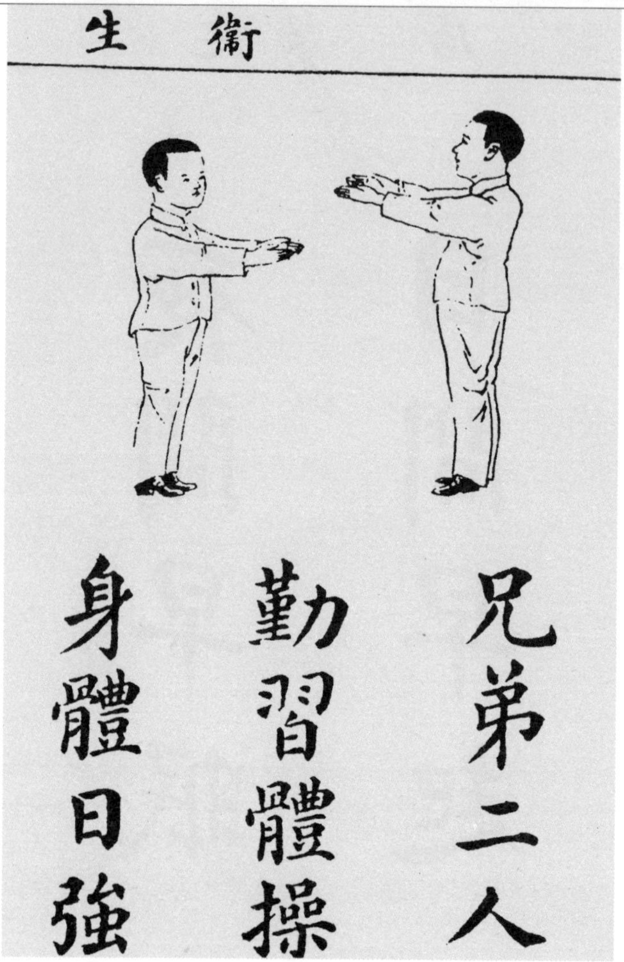
衛生

兄弟二人
勤習體操
身體日強

第35课 卫生

兄弟二人，勤习体操，身体日强。

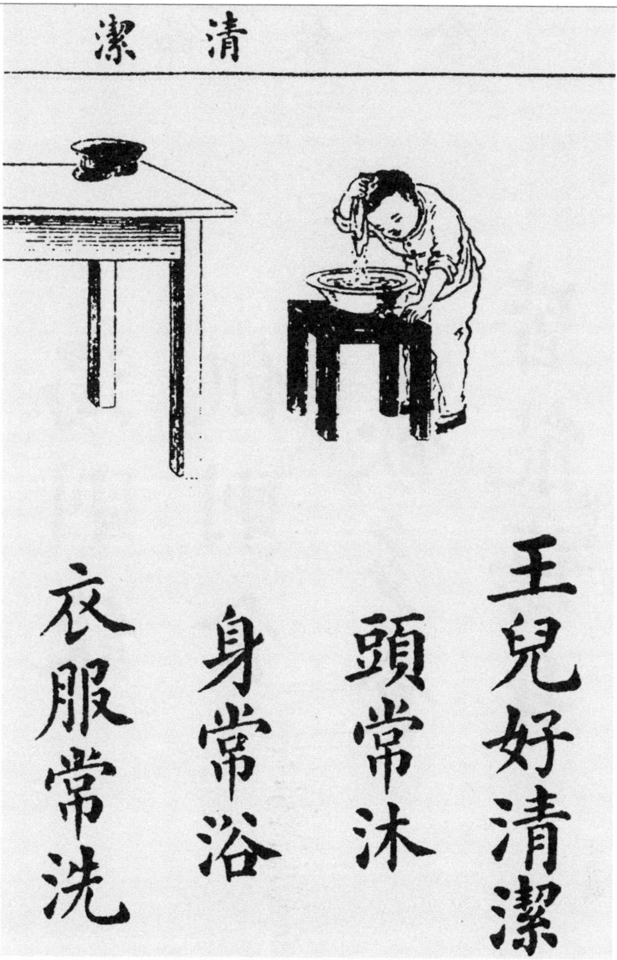
清潔

王兒好清潔
頭常沐
身常浴
衣服常洗

第36课 清洁

王儿好清洁，头常沐，身常浴，衣服常洗。

節飲食

渴則飲
飢則食
多飲多食
皆能傷身

第37课 节饮食

渴则饮，饥则食；多饮多食，皆能伤身。

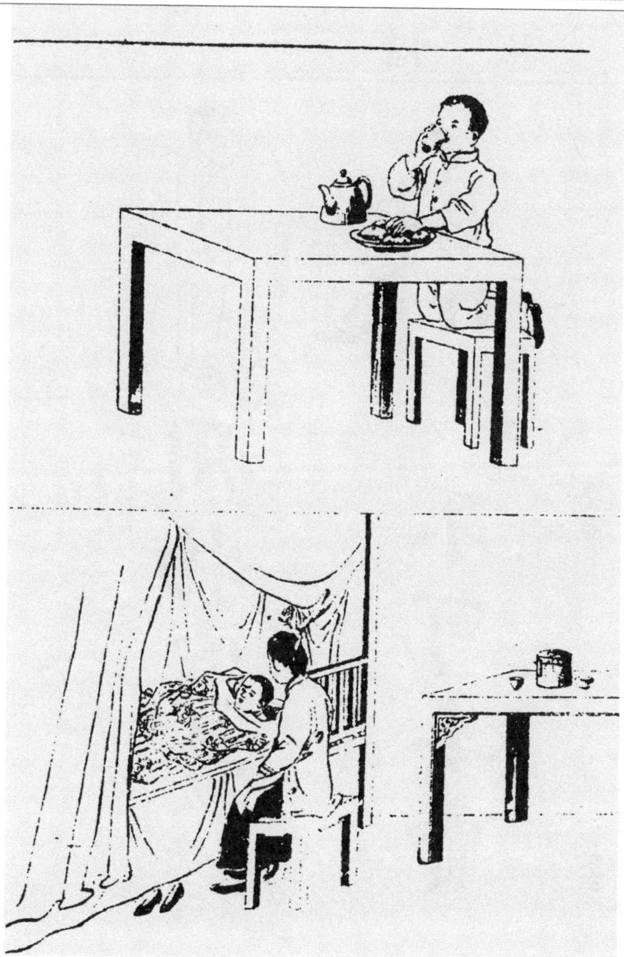

第38课 惜物

用物宜爱惜，不可妄费。

惜時

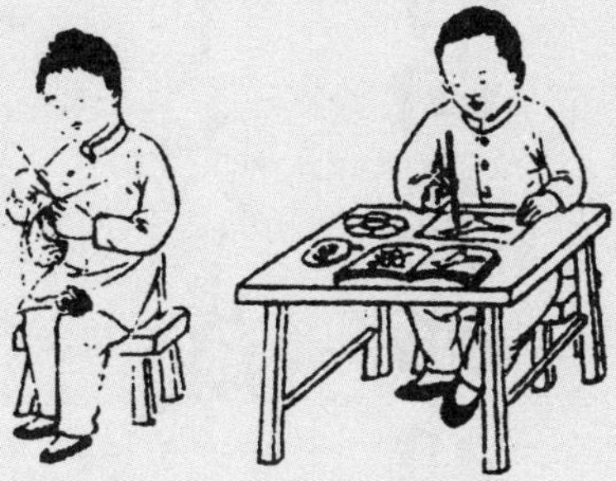

温課既畢
尚有餘時
兄習圖畫
妹學手工

第39课 惜时

温课既毕，尚有余时，兄习图，画妹学手工。

好學

李敬文年六歲時向其姊問字漸通字義

第40课 好学

李敬文，年六岁，时向其姊问字，渐通字义。

貯蓄

左兒家貧
母與以錢
不肯妄用
貯之匣中
用以買書

第41课 贮蓄

左儿家贫，母与以钱，不肯妄用，贮之匣中，用以买书。

愛親

父往他鄉

女隨母

送於門外

請父早歸

第42课 爱亲

父往他乡，女随母，送于门外，请父早归。

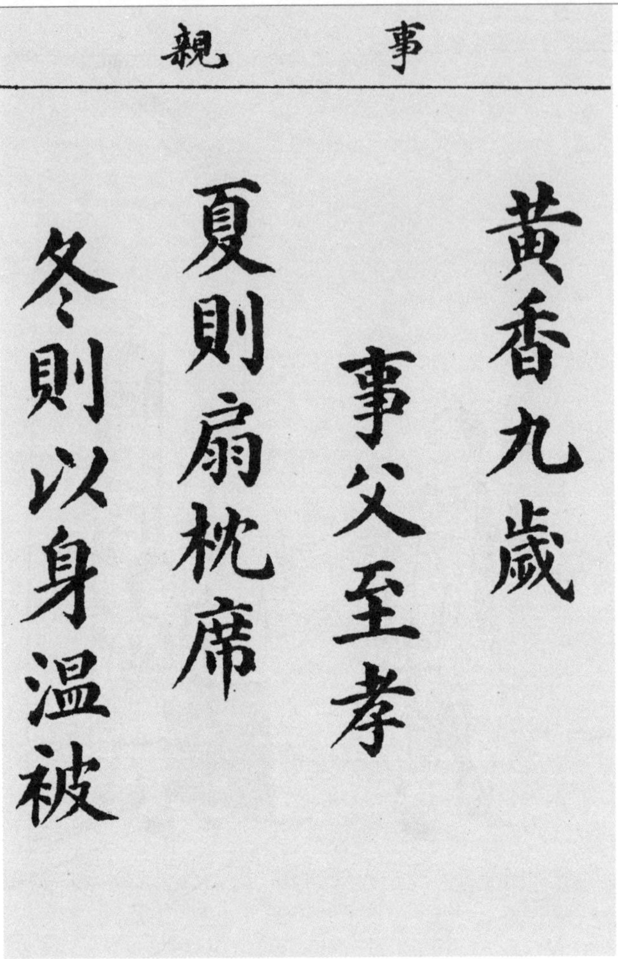
事親

黃香九歲，事父至孝，夏則扇枕席，冬則以身溫被

第43课 事亲

黄香九岁，事父至孝，夏则扇枕席，冬则以身温被。

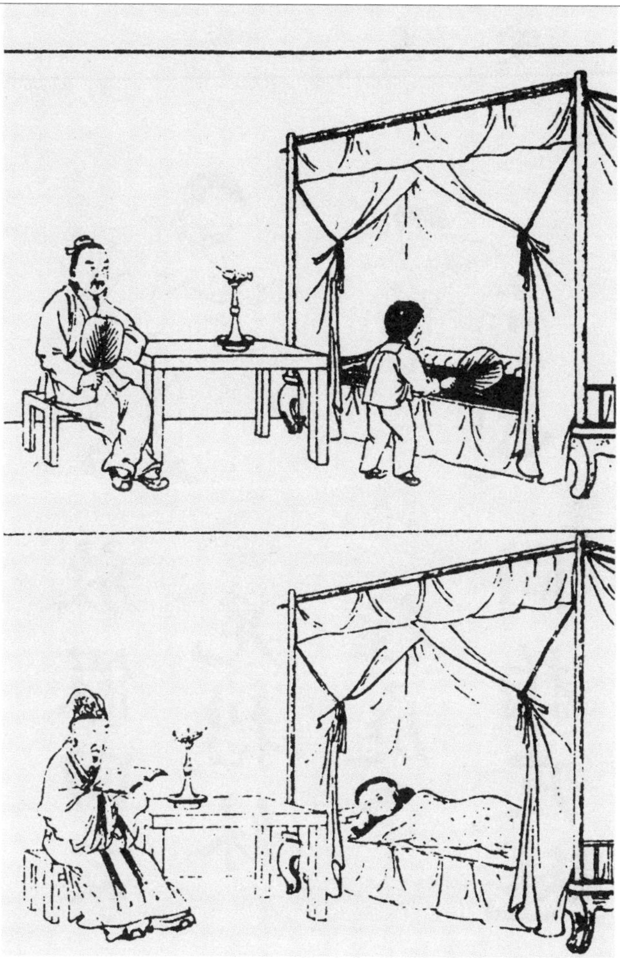

友愛

放假回家
兄招妹
往庭中
同拍皮毬

第44课 友爱

放假回家，兄招妹，往庭中，同拍皮球。

睦鄰

母在廚房
製糕已成
命兒捧糕
送往鄰家

第45课 睦邻

母在厨房，制糕已成，命儿捧糕，送往邻家。

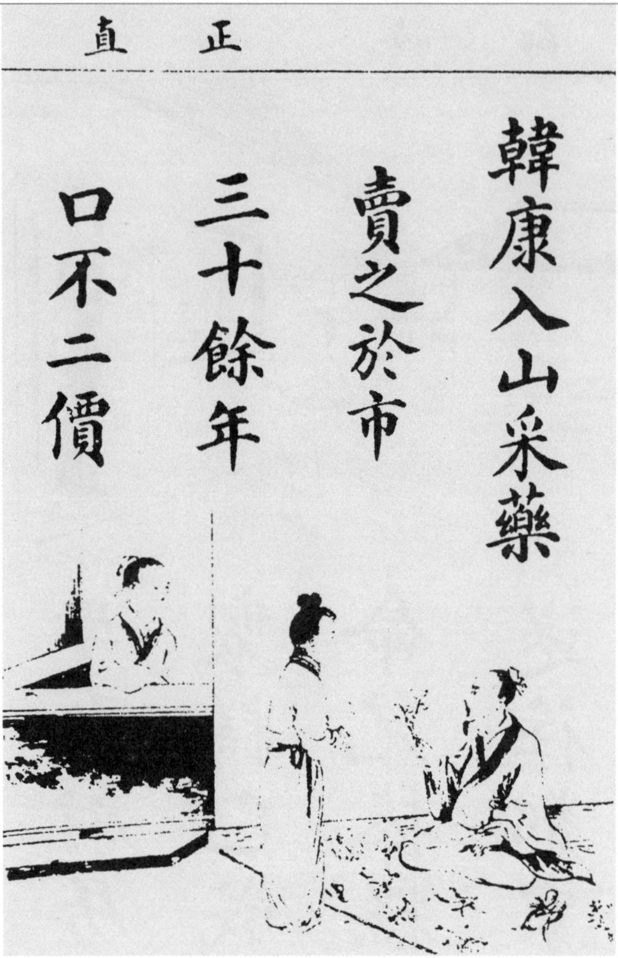

第46课 正直

韩康入山采药，卖之于市，三十余年，口不二价。

第47课 礼貌

门外客来，迎入室中，正立客前，对客行礼。

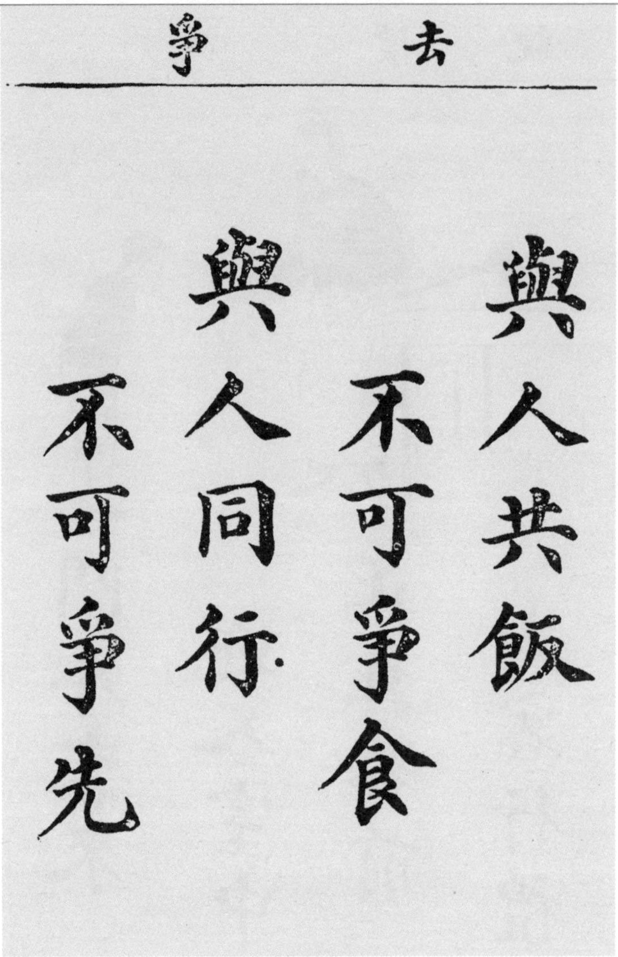
去爭

與人共飯
不可爭食
與人同行
不可爭先

第48课　去争

与人共饭，不可争食。与人同行，不可争先。

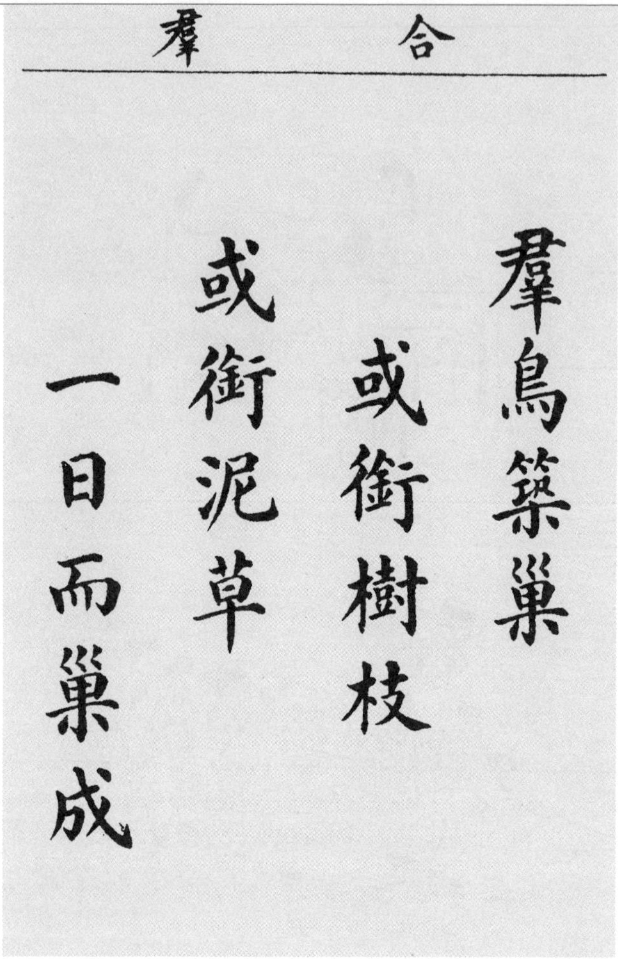
合羣

羣鳥築巢
或銜樹枝
或銜泥草
一日而巢成

第49课 合群

群鸟筑巢，或衔树枝，或衔泥草，一日而巢成。

愛同類

一犬傷足
臥於地上
一犬見之
守其旁不去

第50课 爱同类

一犬伤足，卧于地上，一犬见之，守其旁不去。

濟貧

女出門見貧婦衣服不完入門告母母取舊衣贈之

第51课 济贫

女出门，见贫妇衣服不完，入门告母，母取旧衣赠之。

職業

貓捕鼠　犬守門
各司其事
人無職業
不如貓犬

第52课 职业

猫捕鼠，犬守门，各司其事。人无职业，不如猫犬。

勇敢（一）

兩雄雞，鬬院中，皮破血流，羽毛紛落，而奮鬬不止

第53课 勇敢

两雄鸡，斗院中，皮破血流，羽毛纷落，而奋斗不止。

宗懿年十四，有盗至，懿挺身拒之，盗十余人，不得入室。

鎮定

王戎七歲
與衆同觀虎
虎忽大吼
觀者皆懼
戎獨不動

第54课 镇定

王戎七岁，与众同观虎。虎忽大吼，观者皆惧，戎独不动。

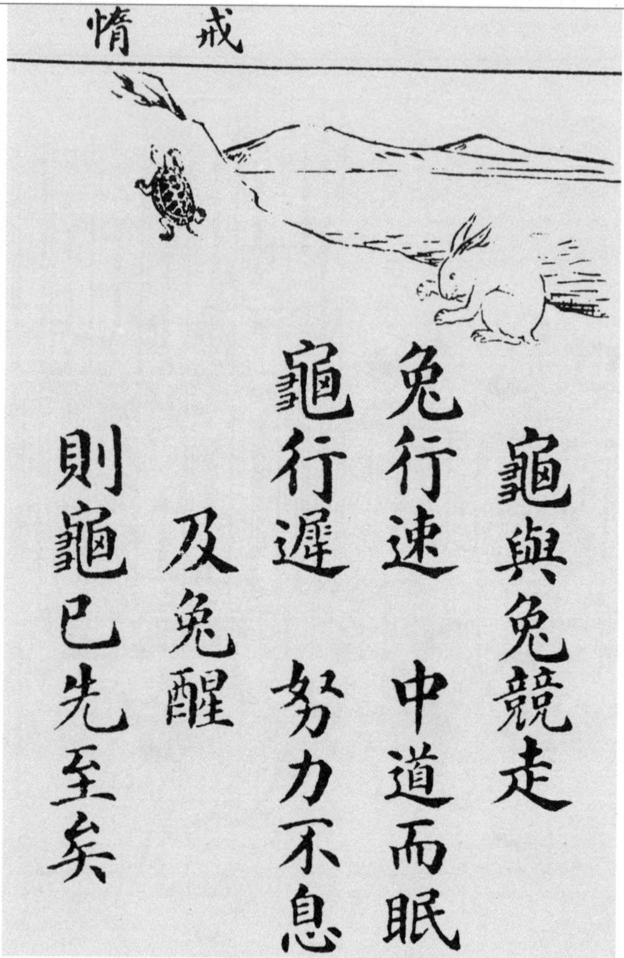
戒惰

龜與兔競走　兔行速　中道而眠　龜行遲　努力不息　及兔醒　則龜已先至矣

第55课 戒惰

龟与兔竞走，兔行速，中道而眠；龟行迟，努力不息。及兔醒，则龟已先至矣。

整潔

屠羲時曰　凡盥面　必以巾遮護衣領　捲束兩袖　勿令沾溼　櫛髮必使光整　勿令散亂

第56课　整洁

屠羲时曰，凡盥面，必以巾遮护衣领，卷束两袖，勿令沾湿。栉发必使光整，勿令散乱。

第57课 卫生

室中宜常洒扫，以去尘垢；窗户宜常开，以通空气，以透日光。

饭后即用心力，则胃中食物不易消化，故必游散片时。

衛生（二）

飯後即用心力
則胃中食物
不易消化
故必遊散片時

食禮

朱熹曰　凡飲食
舉匙必置箸
舉箸必置匙
食已
則置匙箸於案

第58课　食礼

朱熹曰，凡饮食，举匙必置箸，举箸必置匙；食已，则置匙箸于案。

愛物

張菊花，性愛物，所畜貓犬，飼之以時，無不馴服

第59课 爱物

张菊花，性爱物，所畜猫犬，饲之以时，无不驯服。

友愛

徐湛之出行與弟同車車輪忽折路人來救湛之令先抱弟去然後自下

第60课 友爱

徐湛之出行，与弟同车，车轮忽折，路人来救，湛之令先抱弟去，然后自下。

禮讓

孔融四歲
與諸兄同食梨
融獨擇小者
父問故 融曰
兒年幼 當取小者

第61课 礼让

孔融四岁，与诸兄同食梨，融独择小者，父问故，融曰，儿年幼，当取小者。

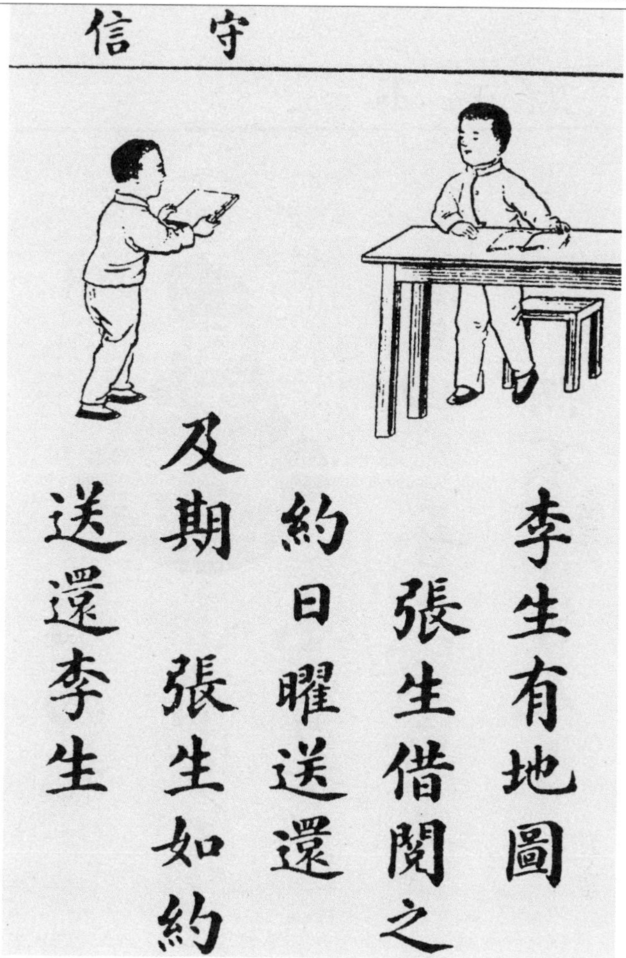

第62课 守信

李生有地图，张生借阅之，约日曜送还；及期，张生如约送还李生。

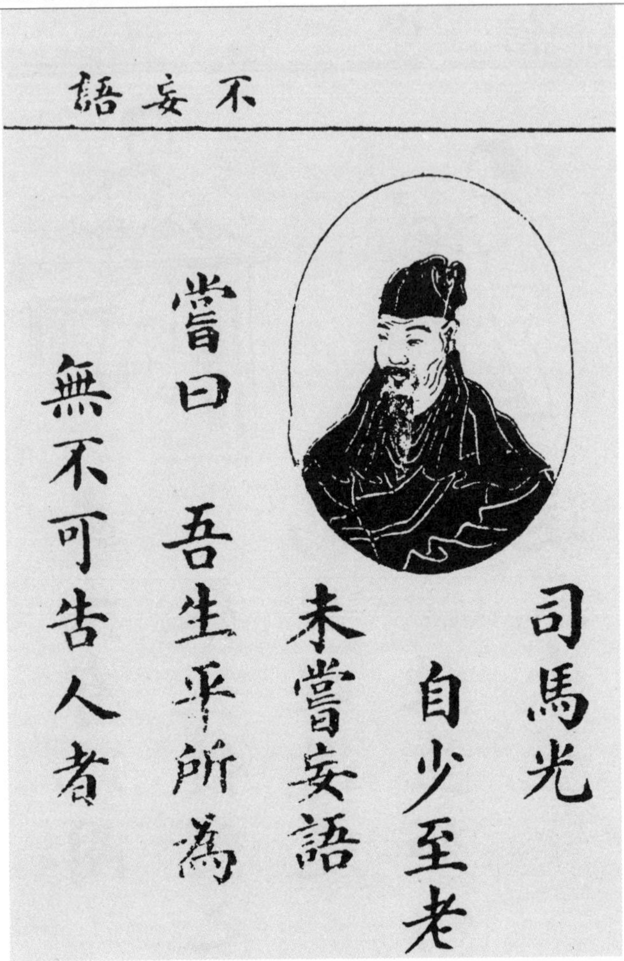
不妄語

司馬光自少至老未嘗妄語嘗曰吾生平所爲無不可告人者

第63课 不妄语

司马光自少至老，未尝妄语。尝曰，吾生平所为，无不可告人者。

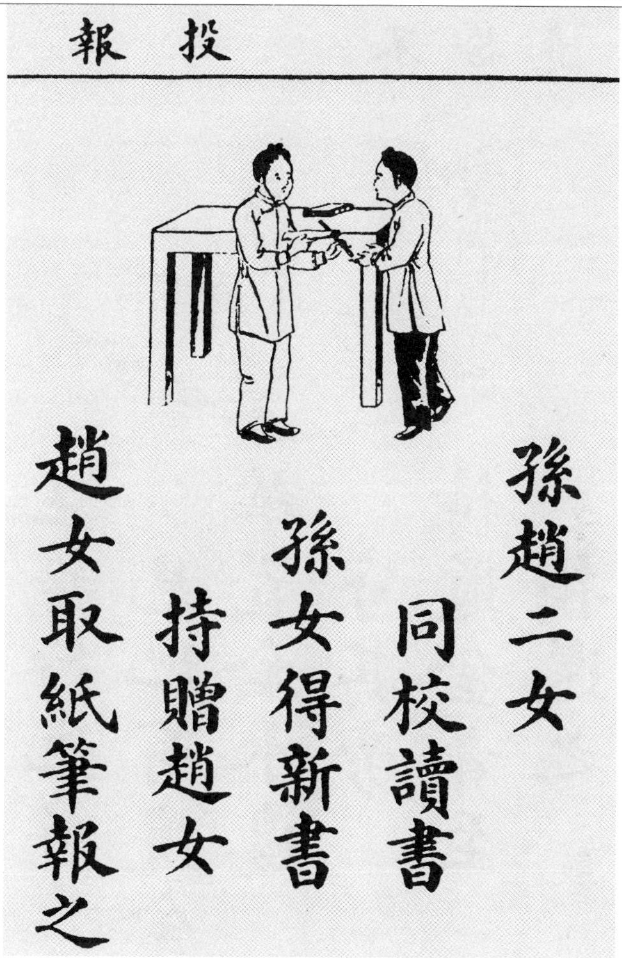
投報

孫趙二女，同校讀書。孫女得新書，持贈趙女，趙女取紙筆報之。

第64课 投报

孙、赵二女，同校读书。孙女得新书，持赠赵女，赵女取纸笔报之。

不拾遺

王華行池畔
見地有遺金
華置金水邊
守其旁
待遺金者至
指還之

第65课 不拾遗

王华行池畔，见地有遗金，华置金水边，守其旁，待遗金者至，指还之。

禦侮

鳩乘鵲出
占居巢中
鵲歸
不得入
招其羣至
共逐鳩去

第66课 御侮

鸠乘鹊出，占居巢中，鹊归，不得入，招其群至，共逐鸠去。

尚武

齊榮顯幼時
集羣兒　為戰陣之戲
榮顯持刀指揮
羣兒各就行列
無一喧譁者

第67课　尚武

齐荣显幼时，集群儿，为战阵之戏。荣显持刀指挥，群儿各就行列，无一喧哗者。

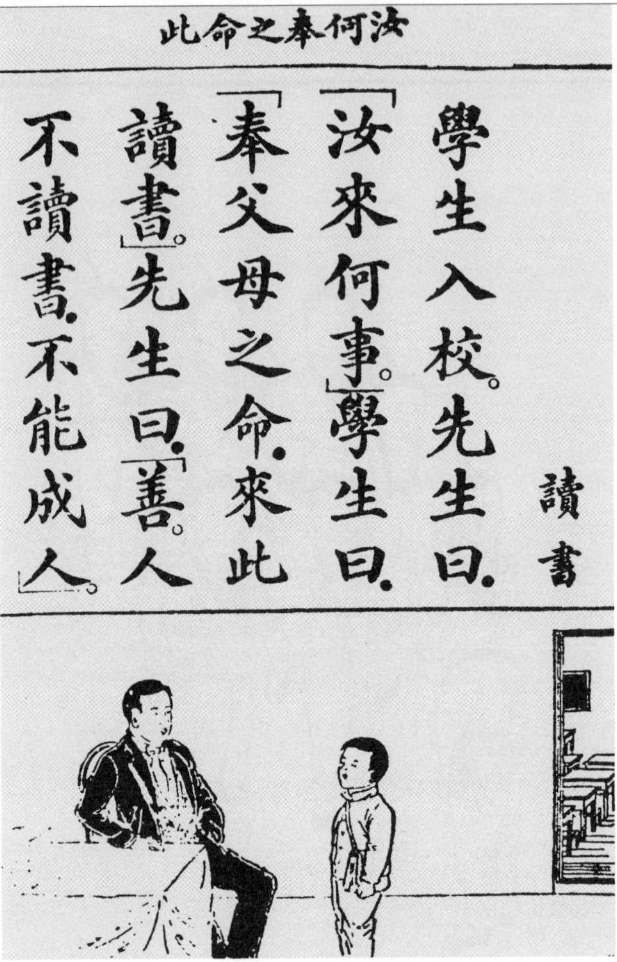
汝何奉之命此

讀書

學生入校。先生曰。「汝來何事。」學生曰。「奉父母之命。來此讀書。」先生曰。「善。人不讀書。不能成人。」

第68课 读书

学生入校。先生曰:“汝来何事?”学生曰:“奉父母之命,来此读书。”先生曰:“善。人不读书,不能成人。”

乎 舊 破 銜 泥 重 待 吾 賀

燕子。汝又來乎。舊巢破。不可居。銜泥銜草。重築新巢。燕子。待汝巢成。吾當賀汝。

擊毬

第69课 燕子

“燕子，汝又来乎。旧巢破，不可居。衔泥衔草，重筑新巢。燕子，待汝巢成，吾当贺汝。”

馮　　進退連百次　橫

馮兒善擊毬。欲高則高。欲低則低。進退俯仰。可連擊數百次。又能向壁橫擊之。不落地上。

第70课　击球

冯儿善击球，欲高则高，欲低则低。进退俯仰，可连击数百次，又能向壁横击之，不落地上。

蝙蝠

鳥與獸鬭。蝙蝠常中立。鳥勝。則蝙蝠飛入鳥羣。曰「吾有兩翼。固鳥也」。獸勝。則蝙蝠走入獸羣。曰「吾有四足。固獸也」。未幾。二族議和。蝙蝠在側。遂共斥之。

第71课 蝙蝠

鸟与兽哄，蝙蝠常中立。鸟胜，则蝙蝠飞入鸟群，曰:“吾有两翼，固鸟也兽胜，则蝙蝠走入兽群，曰:“吾有四足，固兽也。”未几二族议和，蝙蝠在侧，遂共斥之。

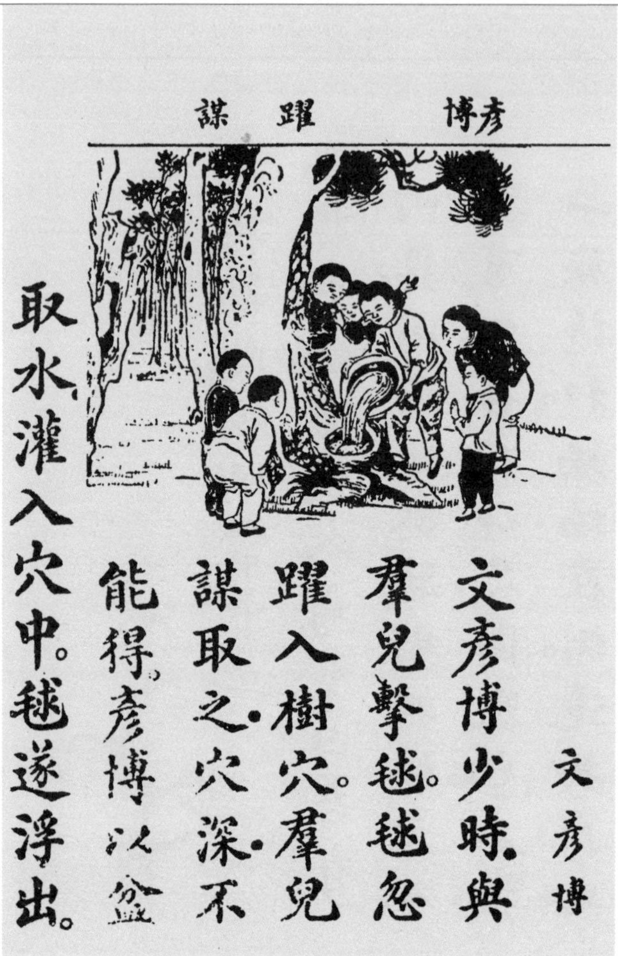
彥博躍謀

文彥博

文彥博少時。與羣兒擊毬。毬忽躍入樹穴。羣兒謀取之。穴深。不能得。彥博以盆取水。灌入穴中。毬遂浮出。

第72课 文彦博

文彦博少时，与群儿击球。球忽跃入树穴，群儿谋取之，穴深，不能得。彦博以盆取水，灌入穴中，球遂浮出。

灌　松也性耐冷雖幹

松。大樹也。葉狀如針。性耐冷。雖至冬日。其色常青。幹長而巨。可以造橋。可以造屋。

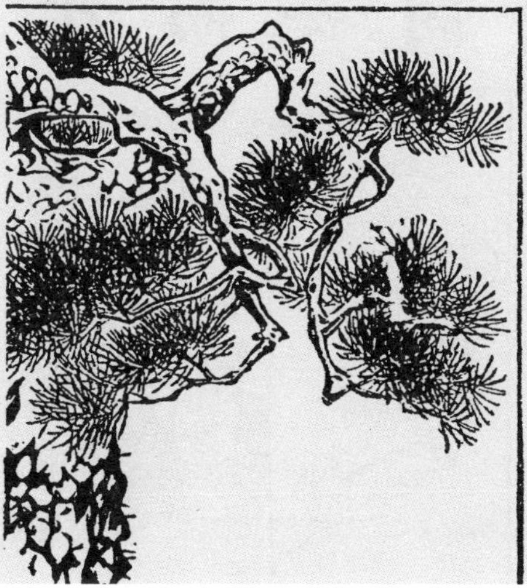

松

第73课 松

松，大树也。叶状如针，性耐冷，虽至冬日，其色常青。干长而巨，可以造桥，可以造屋。

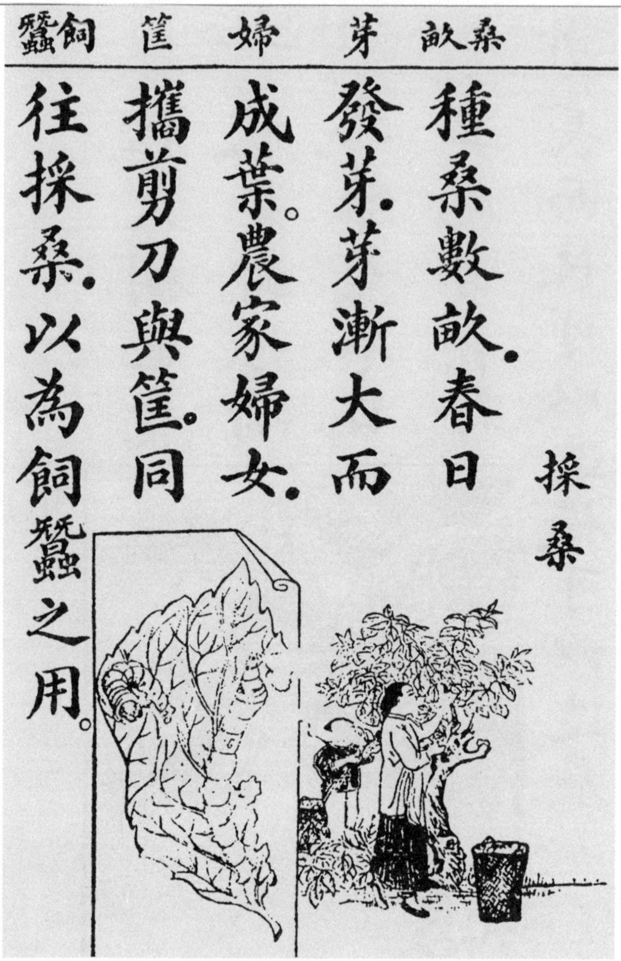
桑 畝 芽 婦 筐 飼 蠶

採桑

種桑數畝。春日發芽。芽漸大而成葉。農家婦女。攜剪刀與筐。同往採桑。以為飼蠶之用。

第74课 采桑

种桑数亩。春日发芽。芽渐大而成叶。农家妇女。携剪与筐同往採桑。以为饲蚕之用。

甲過便易藏垢　汙穢積

指甲

手有五指。指端有甲。甲過長．則作事不便．又易藏垢．故宜常剪之。

灑掃

房屋之中．汙穢日積．不宜居人。

第75课　指甲

手有五指，指端有甲。甲过长，则作事不便，又易藏垢，故宜常剪之。

必 灑灰揚 蒼蠅驅復厭 告

故每日早起。必用帚掃地。掃時先以水灑之。則灰塵不揚。

蒼蠅

兒獨坐觀書。蒼蠅羣飛。驅之復至。甚厭之。明日。以告先生。先生曰。「室中不

第76课 洒扫

房屋之中，污秽日积，不宜居人。故每日早起，必用帚扫地。扫时先以水洒之，则灰尘不扬。

潔使矣　所護腦暑

潔。則蒼蠅來集。汝能勤灑掃。使
無垢穢。則蠅自少矣。」

帽

帽。所以護腦。四
時皆用之。天暑時。多用草帽。天

第77课 苍蝇

儿独坐观书，苍蝇群飞，驱之复至，甚厌之。明日，以告先生。先生曰：“室中不洁，则苍蝇来集。汝能勤洒归，使无垢秽，则蝇自少矣。”

寒　緞　莊　尚　覺　因　易　諾

寒時。多用呢帽。或以緞。布為之。

衣

莊兒將入學。母曰。「兒尚著棉衣。不覺熱乎。人之衣服。因寒暑而異。今日天熱。可易夾衣。」兒曰。「諾。」遂易衣而出。

第78课 帽

帽，所以护脑，四时皆用之。天暑时，多用草帽。天寒时，多用呢帽，或以缎、布为之。

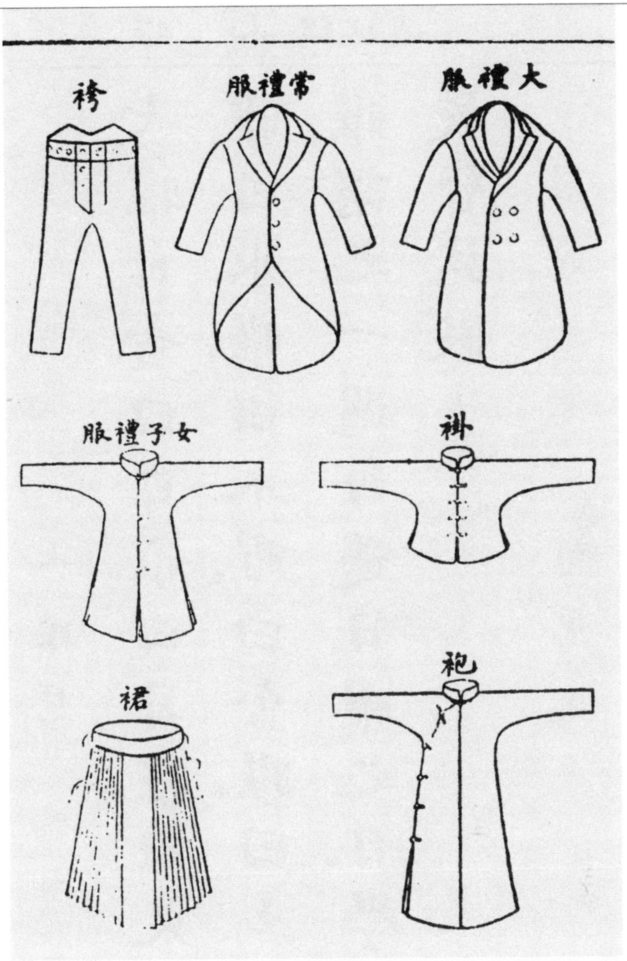

第79课 衣

庄儿将入学，母曰：“儿尚着棉衣，不觉热乎？人之衣服，因寒暑而异，今日天热，可易夹衣。”儿曰：“诺。”遂易衣而出。

曜 木 謂週遇

七曜日

七曜日者．曰日曜．曰月曜．曰火曜．曰水曜．曰木曜．曰金曜．曰土曜．謂之一週。每遇日曜之日．學校皆放假。

司馬光

第80课 七曜日

七曜日者，曰日曜，曰月曜，曰火曜，曰水曜，曰木曜，曰金曜，曰土曜，谓之一周。每遇日曜之日，学样皆放假。

司 於 誤 墮 狂 叫 驚 急 死

司馬光幼時。與羣兒戲於庭前。有一兒。誤墮水缸中。羣兒狂叫。皆驚走。光俯取石。急擊缸。缸破水流。兒得不死。

第81课 司马光

司马光幼时，与群儿戏於庭前。有一儿，误堕水缸中。群儿狂叫，皆惊走。光俯取石，急击缸，缸破水流，儿得不死。

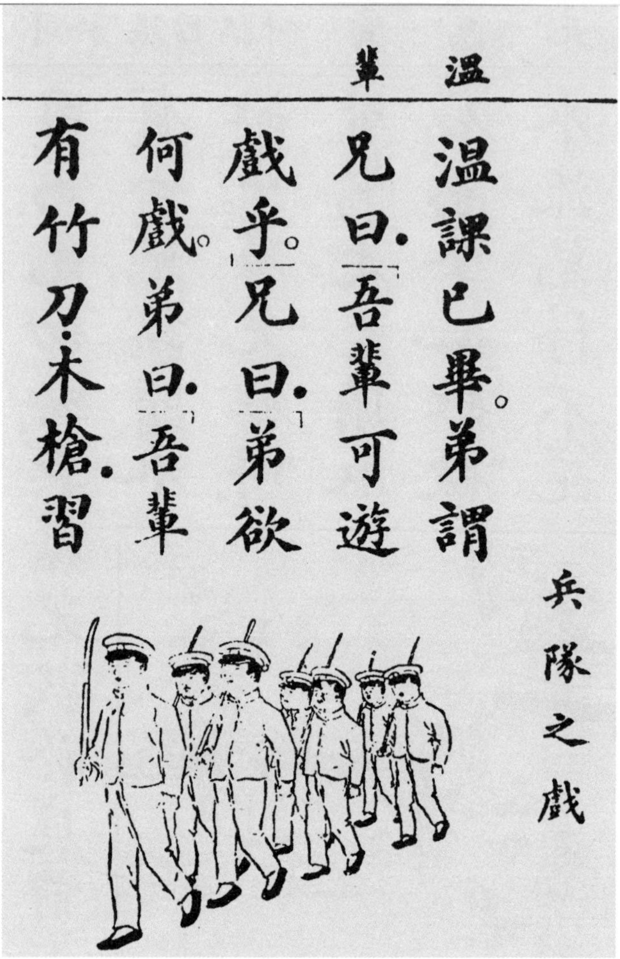

第82课　兵队之战

温课已毕，弟谓兄曰：“吾辈可游戏乎？”兄曰：“弟欲何戏？”弟曰：“吾辈有竹刀、木枪，习为兵队，可乎？”兄曰：“可。”遂率诸弟，为兵队之戏。

率 諸 隔 阻 炎 蔽 嚴

為兵隊可乎。」兄曰。「可。」遂率諸弟。為兵隊之戲。

簾

簾之為用。可以隔內外。阻灰塵。夏時炎熱。用簾以蔽日。冬時嚴寒。用簾以

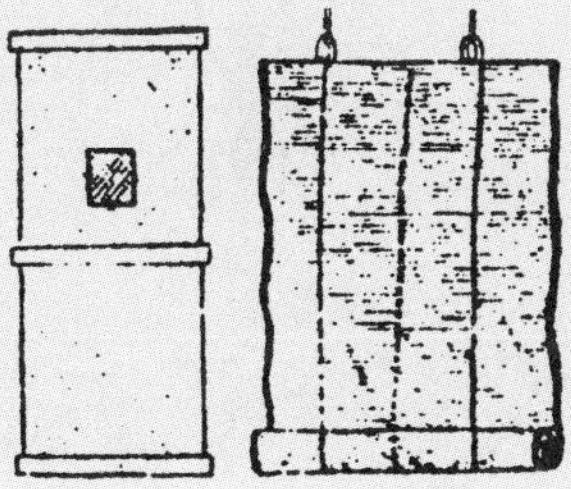

第83课 帘

帘之为用，可以隔内外，阻灰尘。夏时炎热，用帘以蔽日。冬时严寒，用帘以御风。故门、户、窗牖，皆可用帘。

簾户牖　蟻好鬭　據

禦風。故門，户，窗牖，皆可用簾。

蟻鬭

蟻居穴中，性好鬭。一日，黄蟻黑蟻，成羣而出。列陣於階前，各據一方，蟻王率之。羣蟻皆奮鬭，至死不退。

第84课　蚁斗

蚁居穴中，性好斗。一日，黄蚁黑蚁，成群而出。列阵於阶前，各据一方，蚁王率之。群蚁皆奋斗，至死不退。

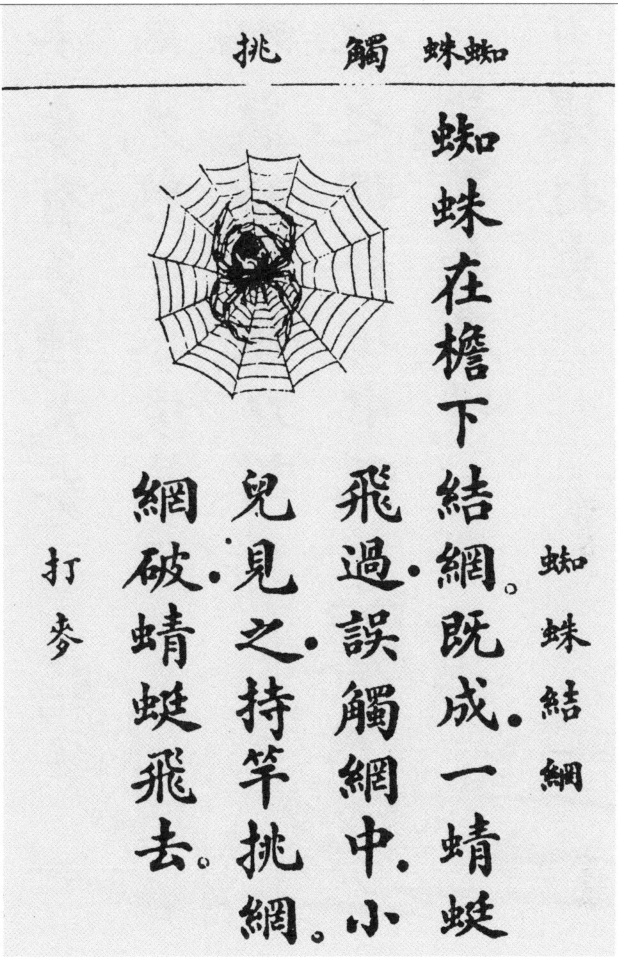
蜘蛛　觸　挑

蜘蛛結網

蜘蛛在檐下結網。既成。一蜻蜓飛過。誤觸網中。小兒見之。持竿挑網。網破。蜻蜓飛去。

打参

第85课　蜘蛛结网

蜘蛛在檐下结网。既成，一蜻蜓飞过，误触网中，小儿见之，持竿挑网。网破，蜻蜓飞去。

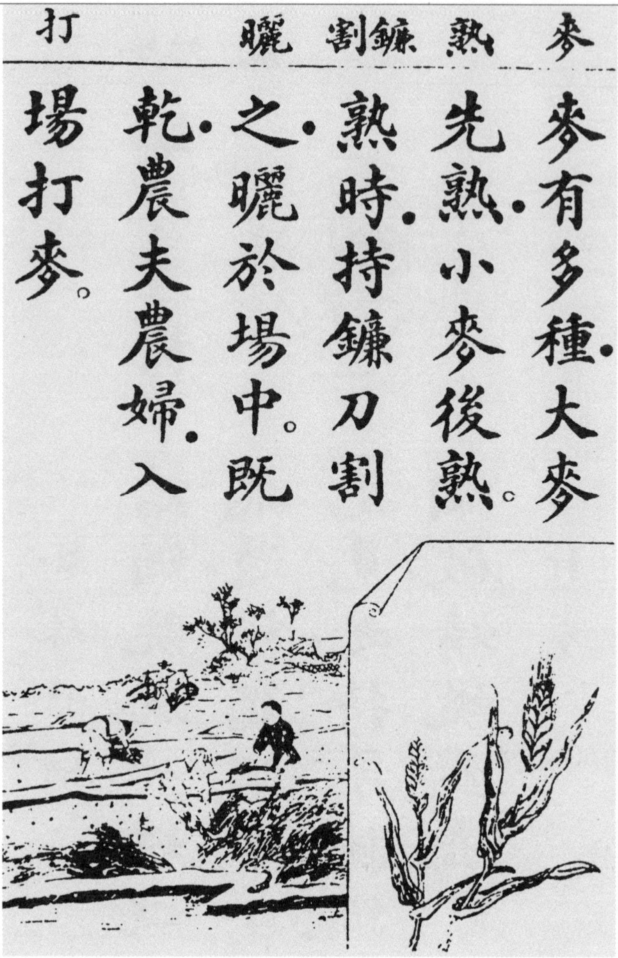
麥 熟 鐮 割 曬 打

麥有多種。大麥先熟。小麥後熟。熟時。持鐮刀割之。曬於場中。既乾。農夫農婦。入場打麥。

第86课 打麦

麦有多种，大麦先熟，小麦后熟。熟时，持镰刀割之，晒于场中。既干，农夫农妇，入场打麦。

雀 紛 覓 粒 噪 逐

紅日將下。打麥已完。小雀一羣。紛集場上。覓食餘粒。數童子立門前。拍手噪逐

第87课 逐雀

红日将下，打麦已完。小雀一群，纷集场上，觅食余粒。数童子立门前，拍手噪逐之。雀闻人声，散入林中。

聞　孵　嘗離喚　若　愛

之。雀聞人聲，散入林中。

母雞

母雞孵卵，數週成雛。隨母出行，未嘗遠離。母雞每得食，必先喚其雛。若遇貓、犬，盡力護之。與父母之愛子無異。

第88课　母鸡

母鸡孵卵，数周成雏。随母出行，未尝远离。母鸡每得食，必先唤其雏。若遇猫、犬，尽力护之，与父母之爱子无异。

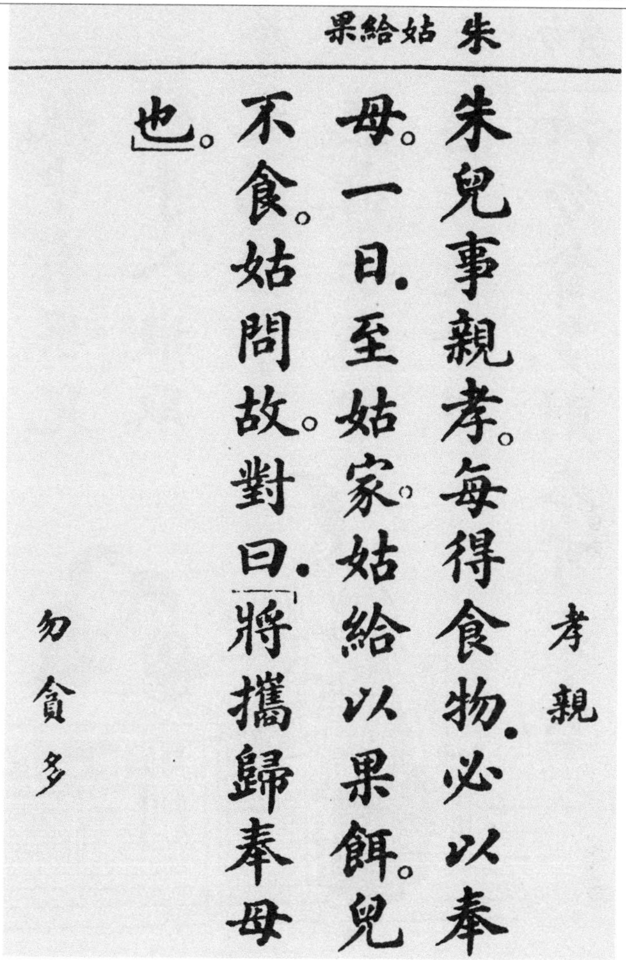

朱 姑給果

孝親

朱兒事親孝。每得食物。必以奉母。一日。至姑家。姑給以果餌。兒不食。姑問故。對曰。「將攜歸奉母也。」

勿貪多

第89课 孝亲

朱儿事亲孝。每得食物，必以奉母。一日，至姑家。姑给以果饵。儿不食。姑问故。对曰：“将携归奉母也。”

拳　痛心　哭　勿貪

瓶中有果。兒伸手入瓶。取之滿握。拳不能出。手痛心急。大哭。母曰。「汝勿貪多。則拳可出矣。」

第90课 勿贪多

瓶中有果，儿伸手入瓶，取之满握。拳不能出，手痛心急，大哭。母曰：“汝勿贪多，则拳可出矣。”

櫻　圓　枚核漿極甜

櫻桃

羣兒遊園中。櫻桃已熟．形圓而色紅。兒採數枚．與弟妹分食之。核小漿多．其味極甜。

張元

第91课　樱桃

群儿游园中。樱桃已熟，形圆而色红。儿采数枚，与弟妹分食之。核小浆多，其味极甜。

元杏墜　非收　送

張元南鄰。有二杏樹。杏熟。多墜元園中。羣兒欲取食之。元獨不可。羣兒問其故。元曰。「是鄰家之果。非我所宜取也。」乃與羣兒收果。送還鄰家。

教弟

第92课 张元

张元南邻，有二杏树。杏熟，多坠元园中。群儿欲取食之，元独不可。群儿问其故，元曰：“是邻家之果，非我所宜取也。”乃与群儿收果，送还邻家。

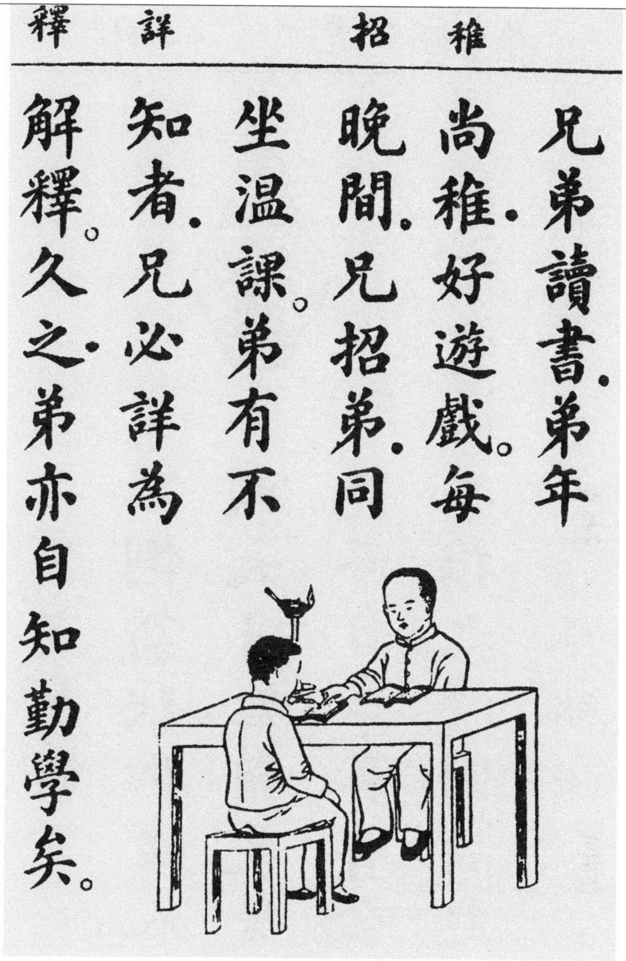
稚 招 詳 釋

兄弟讀書．弟年尚稚．好遊戲。每晚間．兄招弟．同坐温課。弟有不知者．兄必詳為解釋。久之．弟亦自知勤學矣。

第93课 教弟

兄弟读书，弟年尚稚，好游戏。每晚间，兄招弟，同坐温课。弟有不知者，兄必详为解释。久之，弟亦自知勤学矣。

倒似　禿全輕重推

不倒翁

不倒翁．狀似老人。頭大。身短。鬚長。髮禿。耳．目．口．鼻皆全。上輕下重。以手推之．隨倒隨起、

織錦女

第94课　不倒翁

不倒翁，状似老人。头大，身短，须长，发秃，耳、目、口、鼻皆全。上轻下重，以手推之，随倒随起。

趙達　織　綵錦　盈　紋龍鳳

趙達之妹。善畫工織。嘗以綵絲織錦。大者盈尺。小者方寸。錦上有紋。為龍。鳳之狀。

第95课 织锦女

赵达之妹，善画工织。尝以采丝锦，大者盈尺，小者方寸。锦上有纹，为龙、凤之状。

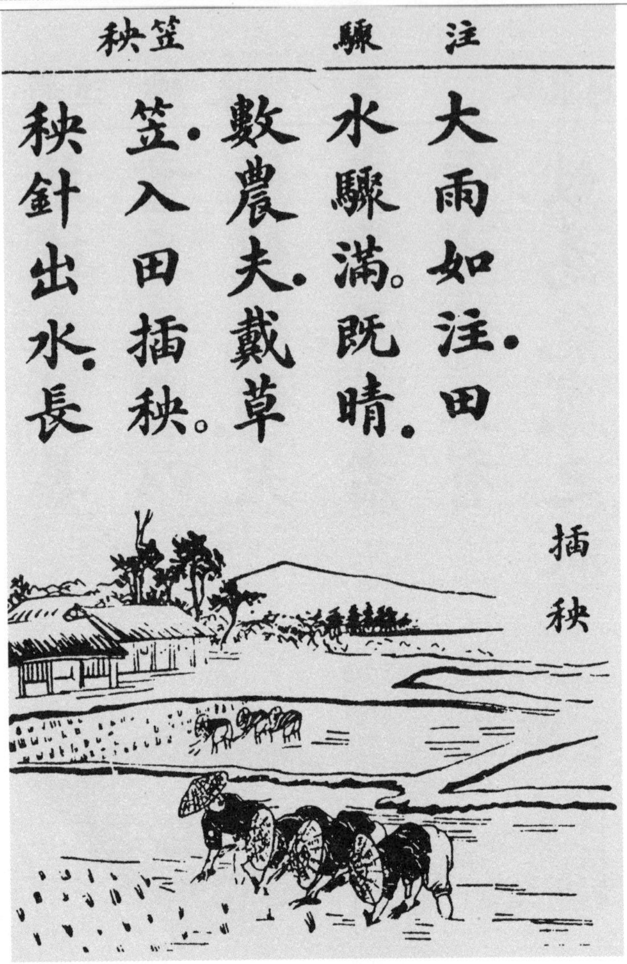
注 驟 笠秧

大雨如注。田水驟滿。既晴。數農夫。戴草笠。入田插秧。秧針出水。長

第96课 插秧

大雨如注，田水骤满。既晴，数农夫戴草笠，入田插秧。秧针出水，长二三寸，分列成行。

井　濁　病烹煮

二三寸。分列成行。

水

飲食之水。或取於河。或取於井。水有清濁。濁者多汙物。又有小蟲。飲之。易致病。故烹茶煮飯。宜用清水。

第97课 水

饮食之水，或取于河，或取于井。水有清浊，浊者多污物，又有小虫，饮之，易致病。故烹茶煮饭，宜用清水。

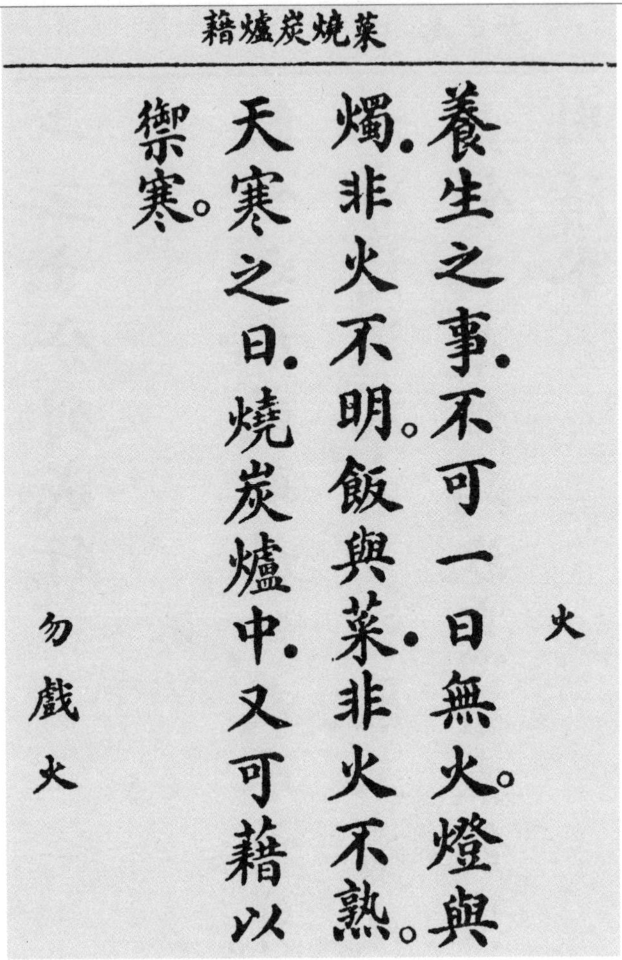
菜燒炭爐藉

火

養生之事。不可一日無火。燈與燭。非火不明。飯與菜。非火不熟。天寒之日。燒炭爐中。又可藉以禦寒。

勿戲火

第98课 火

养生之事，不可一日无火。灯与烛，非火不明；饭与菜，非火不熟。天寒之日，烧炭炉中，又可借以御寒。

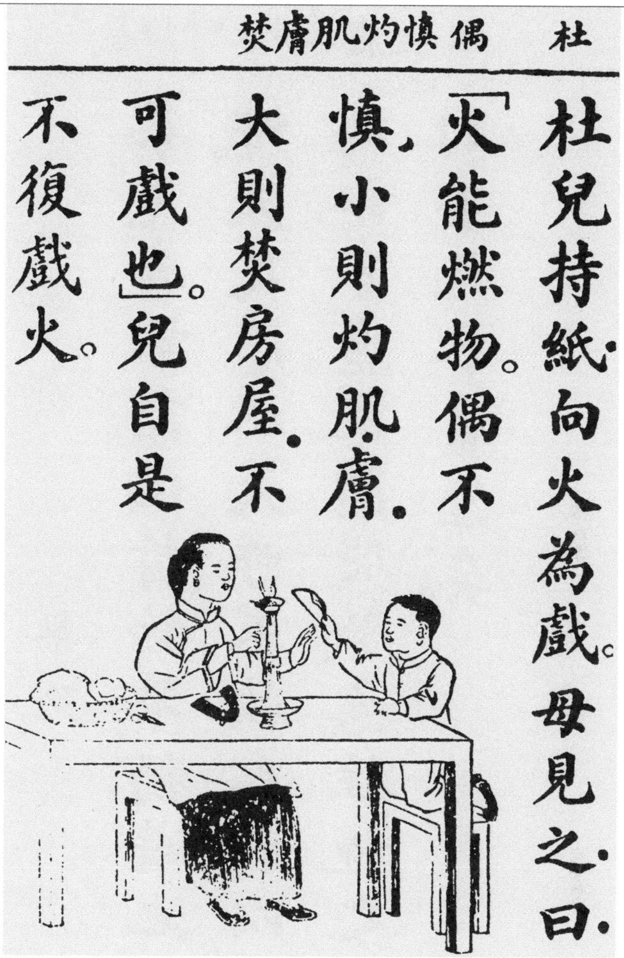
杜　偶　慎　灼　肌　膚　焚

杜兒持紙。向火為戲。母見之。曰。「火能燃物。偶不慎。小則灼肌膚。大則焚房屋。不可戲也」。兒自是不復戲火。

第99课　勿戏火

杜儿持纸，向火为戏。母见之，曰：“火能燃物。偶不慎，小则灼肌、肤，大则焚房屋，不可戏也。”儿自是不复戏火。

喜誑 畔 失 求 救 應 溼

梁兒

梁兒喜誑語。偶持釣竿．獨遊池畔。失足墮水．大呼求救。人皆以為誑．不應。及聞哭聲．急往視之．則梁兒衣盡溼矣。

鸚鵡

第100课 梁儿

梁儿喜诳语。偶持钓竿，独游池畔。失足堕水，大呼求救。人皆以为诳，不应。及闻哭声，急往视之，则梁儿衣尽湿矣。

緣　爪攫　趨遁

架上鸚鵡。白毛紅嘴。時學人言。有貓緣柱而上。舉爪將攫之。鸚鵡驚呼曰。「貓來貓來。」童子聞聲趨至。貓急遁去。

第101课 鹦鹉

架上鹦鹉，白毛红嘴，时学人言。有猫缘柱而上，举爪将攫之。鹦鹉惊呼曰：“猫来猫来。”童子闻声趋至，猫急遁去。

盛 蝴蝶 扇撲 毒粉傷

蝴蝶

園花盛開。花上有蝴蝶。六足。四翅。色甚美。妹舉扇撲之。姊曰。「蝴蝶之翅。有毒粉。能傷目。不可撲也。」妹從之。

第102课 蝴蝶

园花盛开，花上有蝴蝶，六足，四翅，色甚美。妹举扇扑之，姊曰:“蝴蝶之翅，有毒粉，能伤目，不可扑也。”妹从之。

借傘

兄弟自校中歸。路遇大雨。衣盡溼。適經舅家。敲門借傘。舅見之。急攜入室。曰。「溼衣在身。將生

第103课 借伞

兄弟自校中归，路遇大雨，衣尽湿。适经舅家，敲门借伞。舅见之，急携入室，曰:“湿衣在身，将生疾病。”取衣令易之。

疾　余鞠躬禮正　答俟　然稱

疾病。取衣令易之。

路遇先生

余兒行路中.遇先生。鞠躬行禮.正立路旁。先生有命.兒敬聽之。先生有問.又敬答之。俟先生去.然後行。人皆稱為知禮。

第104课 路遇先生

余儿行路中，遇先生，鞠躬行礼，正立路旁。先生有命，儿敬听之；先生有问，又敬答之。俟先生去，然后行。人皆称为知礼。

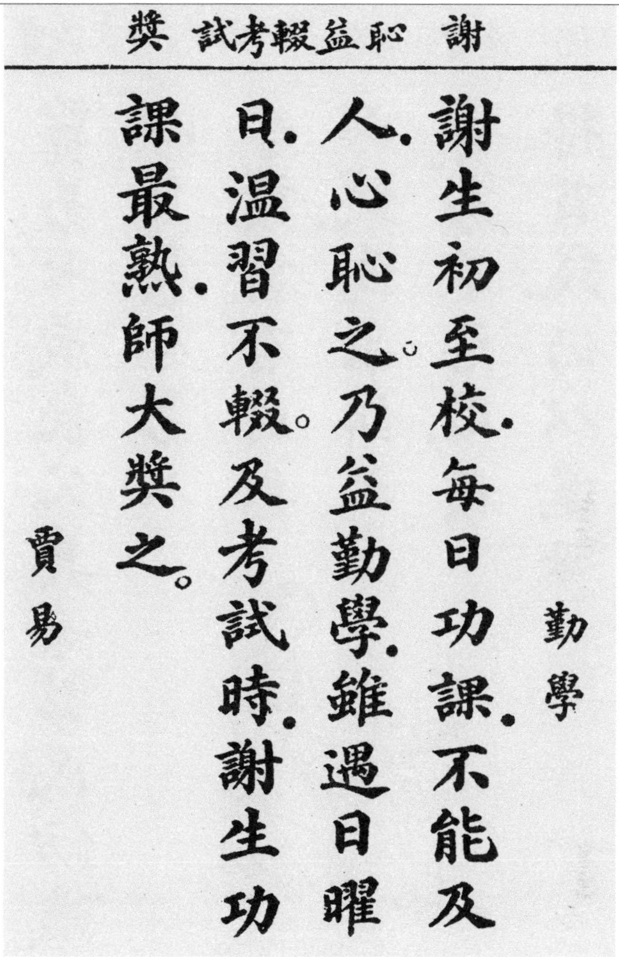
謝 恥 益 輟 考 試 獎

勤學

謝生初至校．每日功課．不能及人．心恥之。乃益勤學．雖遇日曜日．温習不輟。及考試時．謝生功課最熟．師大獎之。

貫易

第105课 勤学

谢生初至校，每日功课，不能及人，心耻之。乃益勤学，虽遇日曜日，温习不辍。及考试时，谢生功课最熟，师大奖之。

賈歲喪彭氏紡　錢　費忍　仍

賈易七歲喪父。其母彭氏。紡織以自養。令易入學讀書。有時與以錢。為果餌之費。易不忍用。積得百錢。仍以還母。

第106课　贾易

贾易七岁丧父，其母彭氏，纺织以自养。令易入学读书，有时与以钱，为果饵之费。易不忍用，积得百钱，仍以还母。

罂孔由　碎

撲滿。形圓而罂扁。上有孔。錢由孔入。不能復出。既滿。則撲而碎之。取其錢。故曰撲滿。

撲滿

方向

第107课　扑满

扑满，形圆而略扁。上有孔，钱由孔入，不能复出。既满，则扑而碎之，取其钱，故曰扑满。

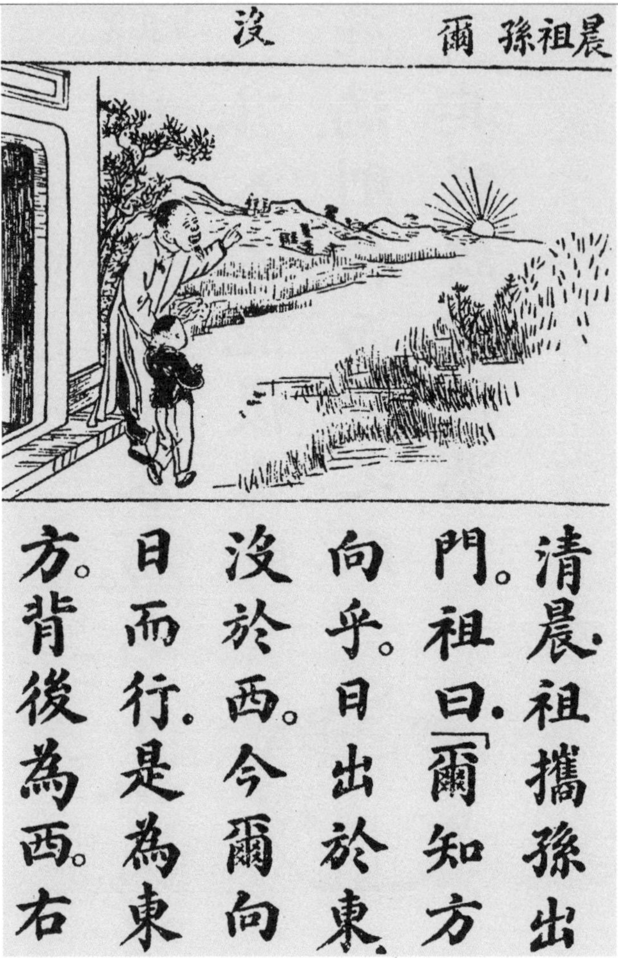
晨 祖 孫 爾 沒

清晨・祖攜孫出門。祖曰・「爾知方向乎。日出於東・沒於西。今爾向日而行・是為東方。背後為西。右

第108课 方向

清晨，祖携孙出门。祖曰：“尔知方向乎？日出于东，没于西。今尔向日而行，是为东方；背后为西；右手为南；左手为北。故视日之出没，可以辨四方也。”

辨　躡

手為南。左手為北。故視日之出
沒。可以辨四方也。

人影

明月在天。兒行
廊下。若有人躡

第109课　人影

明月在天，儿行廊下，若有人蹑其后。大惧，奔告其姊，姊曰：“此汝身之影也。汝立灯前，行日下，皆有影，岂忘之耶。”儿乃悟。

懼 奔　豈 忘 耶 乃 悟　譚　友

其後。大懼。奔告其姊。姊曰。「此汝身之影也。汝立燈前。行日下。皆有影。豈忘之耶。」兒乃悟。

燈

譚兒將卧。指燈而言曰。「汝夜夜照我讀書。其我之好友乎。時已

第110课 灯

谭儿将卧，指灯而言曰：“汝夜夜照我读书，其我之好友乎。时已晚，汝、我皆宜休息矣。”乃熄灯而睡。

休息 熄睡 涼偕 蚊樂倦

晚。汝。我皆宜休息矣。乃熄燈而睡。

乘涼

晚餐之後。涼風入戶。母偕女。院中乘涼。母講故事。女在旁聽之。手揮小扇。為母驅蚊。樂而忘倦。

第111课 乘凉

晚餐之后，凉风入户。母偕女，院中乘凉。母讲故事，女在旁听之。手挥小扇，为母驱蚊，乐而忘倦。

螢卑腹際微爍定即

螢

螢。飛蟲也。生於卑溼之地。腹後有光。晚間。常見水邊草際。微光閃爍。去來無定。即螢光也。

蚊

第112课 萤

萤，飞虫也。生于卑湿之地，腹后有光。晚间，常见水边草际，微光闪烁，去来无定，即萤光也。

孑孓化喙刺吸血 暗處 嗡

汙水中有孑孓．化為蚊。喙甚銳．刺入人膚．吸血而食之。日間畏光．常集於暗處。天將晚．則成羣飛出．其聲嗡嗡。

食 瓜

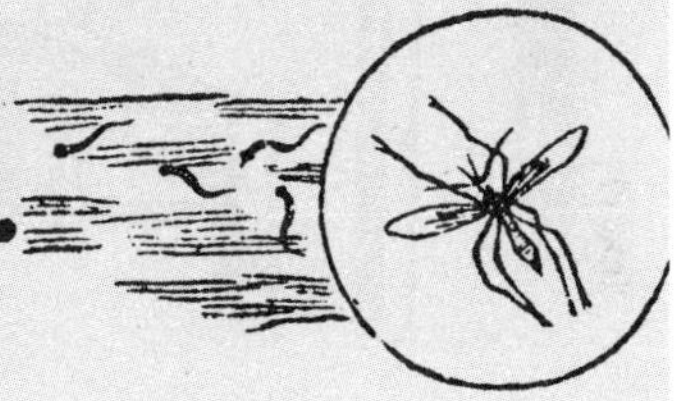

第113课 蚊

污水中有孑孓，化为蚊。喙甚锐，刺入人肤，吸血而食之。日间畏光，常集于暗处。天将晚，则成群飞出，其声嗡嗡。

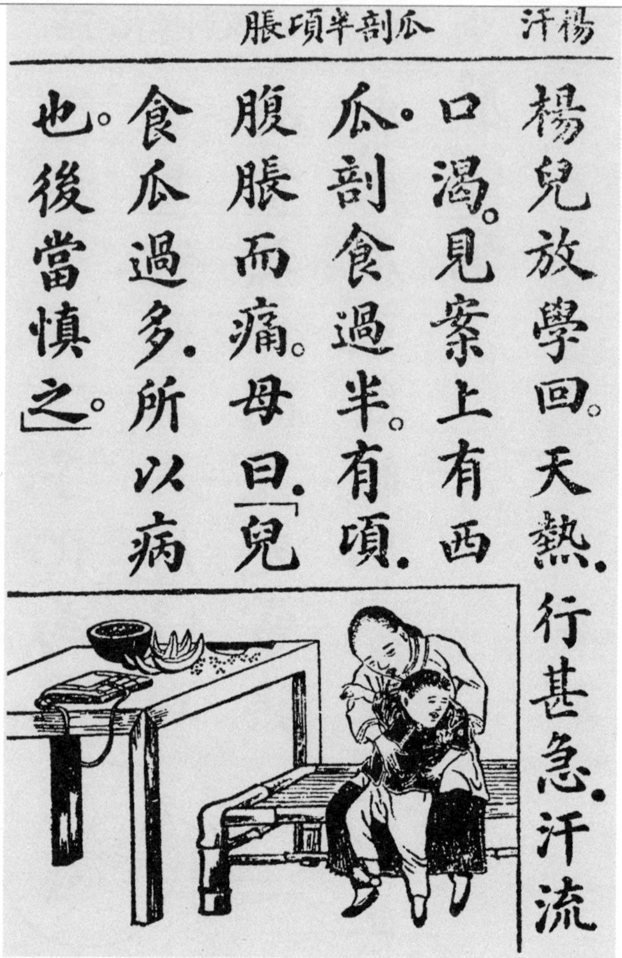
楊　汗　瓜　剖　半　頃　脹

楊兒放學回。天熱。行甚急。汗流口渴。見案上有西瓜。剖食過半。有頃。腹脹而痛。母曰。「兒食瓜過多。所以病也。後當慎之。」

第114课　食瓜

杨儿放学回。天热，行甚急，汗流口渴。见案上有西瓜，剖食过半。有顷，腹胀而痛，母曰：“儿食瓜过多，所以病也。后当慎之。”

梗 直 莖 藕

池中種荷、夏日開花、或紅或白。荷梗直立。荷葉形圓。莖橫泥中、其名曰藕。藕有

荷

第115课 荷

池中种荷，夏日开花，或红或白。荷梗直立，荷叶形圆。茎横泥中，其名曰藕。藕有节，中有孔，断之有丝。

斷　臼濾汁澄沈壞和糖沸冲

節。中有孔。斷之有絲。

藕粉

擣藕於臼中。以布濾其汁。及其澄清。取下沈之粉。曬乾之。可以久藏不壞。食時。和以糖。取沸水冲之。

第116课　藕粉

捣藕于臼中，以布滤其汁。及其澄清，取下沉之粉，晒干之，可以久藏不坏。食时，和以糖，取沸水冲之。

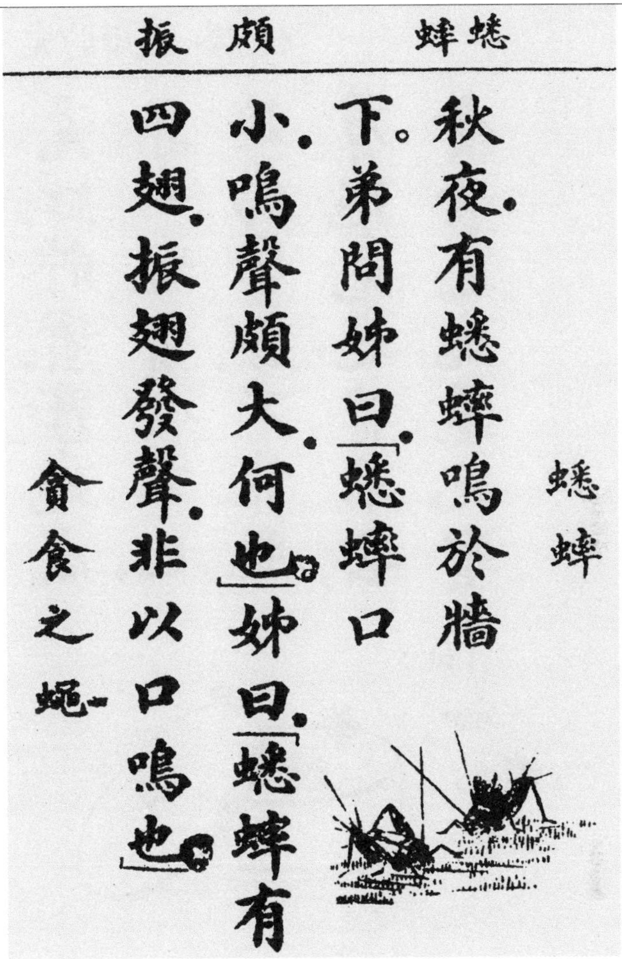

蟋蟀　頗　振

蟋蟀

秋夜。有蟋蟀鳴於牆下。弟問姊曰。「蟋蟀口小。鳴聲頗大。何也。」姊曰。「蟋蟀有四翅。振翅發聲。非以口鳴也。」

貪食之蠅

第117课 蟋蟀

秋夜，有蟋蟀鸣于墙下。弟问姊曰：“蟋蟀口小，鸣声颇大，何也？”姊曰：“蟋蟀有四翅，振翅发声，非以口鸣也。”

瓷貯蜜咸 膠脫

瓷缸貯蜜。羣蠅咸集。一蠅貪食不已。足為蜜膠。不能脫。羣蠅見之。皆飛去。貪食之蠅。遂死蜜中。

桂

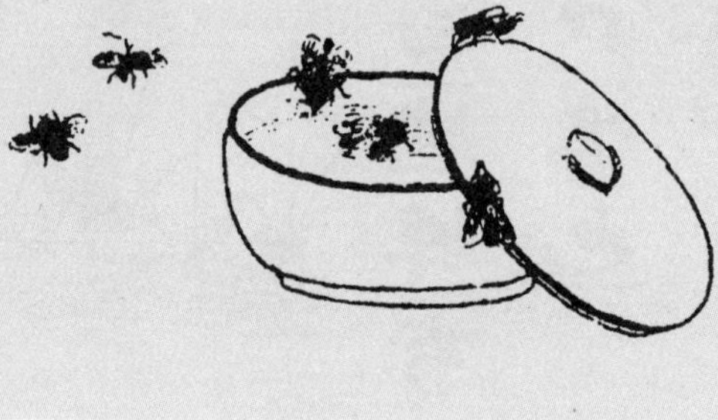

第118课 贪食之蝇

瓷缸贮蜜，群蝇咸集。一蝇贪食不已。足为蜜胶，不能脱。群蝇见之，皆飞去。贪食这蝇，遂死蜜中。

淡 濃　　歷 烈

庭中種桂。其葉常綠。秋時開花。或深黃。或淡黃。每遇微風。濃香撲鼻。人咸愛之。花落。取以和糖。貯於瓶中。雖歷久而香甚烈。

第119课 桂

庭中种桂，其叶常绿。秋时开花，或深黄，或淡黄。每遇微风，浓香扑鼻，人咸爱之。花落，取以和糖，贮于瓶中，虽历久而香甚烈。

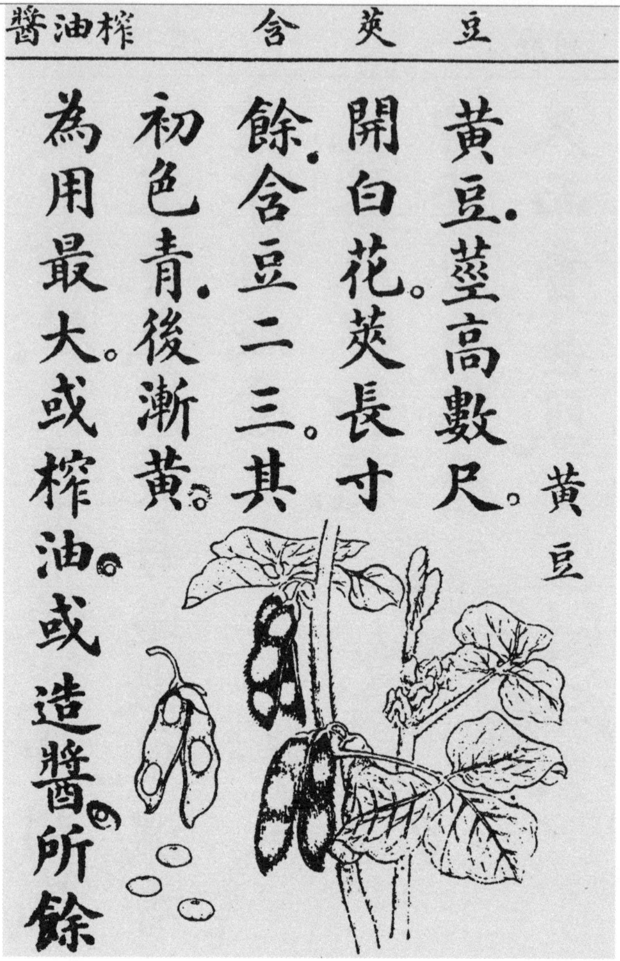
豆 莢 含 榨油醬

黃豆

黃豆。莖高數尺。開白花。莢長寸餘。含豆二三。其初色青。後漸黃。為用最大。或榨油。或造醬。所餘

第120课 黄豆

黄豆，茎高数尺，开白花。荚长寸余，含豆二三。其初色青，后渐黄。为用最大，或榨油，或造酱。所余渣滓，既可饲畜，又可肥田。

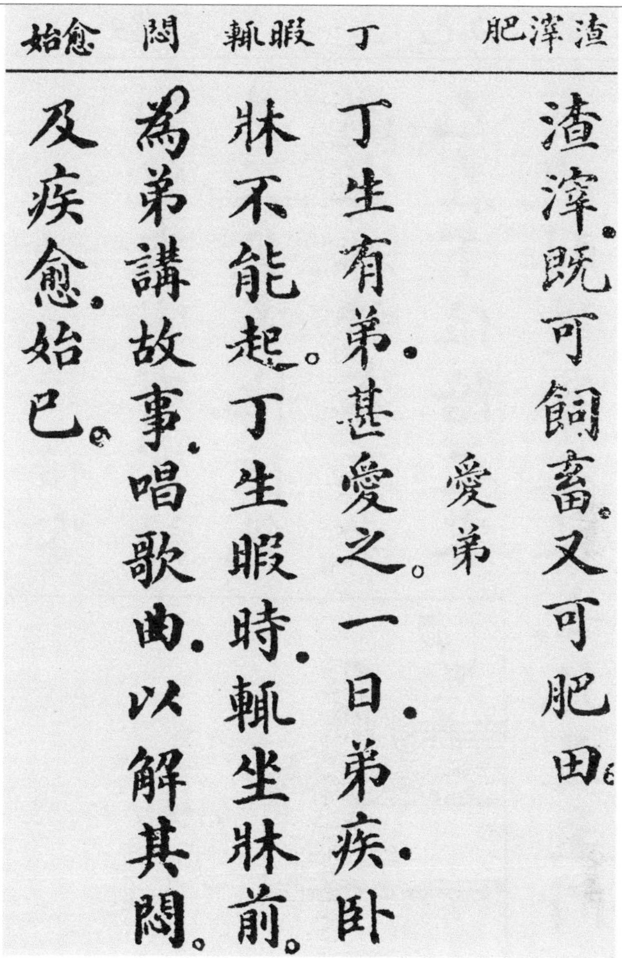
渣 滓 肥 丁 暇 輒 悶 愈 始

渣滓。既可飼畜。又可肥田。

愛弟

丁生有弟。甚愛之。一日。弟疾。臥牀不能起。丁生暇時。輒坐牀前。爲弟講故事。唱歌曲。以解其悶。及疾愈。始已。

第121课 爱弟

丁生有弟，甚爱之，一日，弟疾，卧床不能起。丁生暇时，辄坐床前，为弟讲故事、唱歌曲，以解其闷。及疾愈，始已。

鈕 訪 邀 己 位 謹

陪客

鈕兒在家。有客訪其父。父適他往。兒邀客入。請客上坐。己在下位陪之。客有問。則謹答之。客去。兒送至門

第122课 陪客

钮儿在家，有客访其父。父适他往，儿邀客入，请客上坐，己在下位陪之。客有问，则谨答之。客去，儿送至门外。及父归，以客所言，告之于父。

修 幾 素 濡 黏

外。及父歸、以客所言、告之於父。

畫竹

窗外修竹幾竿、紅日初上。竹影滿窗。一女坐窗前、取素紙、鋪案上。濡筆和墨、畫竹一枝、黏於壁間。母見之、稱其能。

第123课 画竹

窗外修竹几竿。红日初上，竹影满窗。一女坐窗前，取素纸，铺案上。濡笔和墨，画竹一枝，黏于壁间。母见之，称其能。

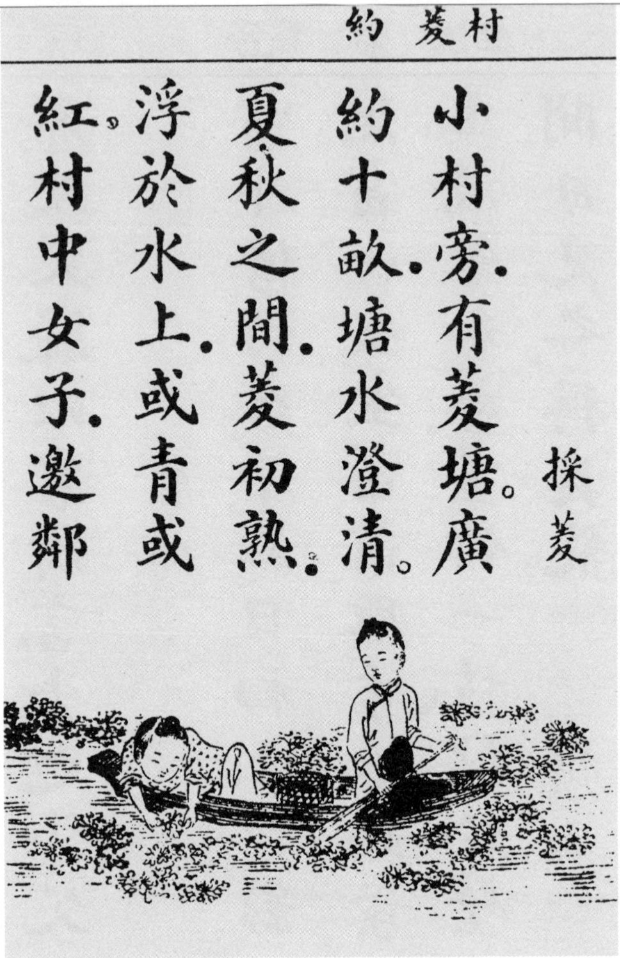
村菱約

採菱

小村旁。有菱塘。廣約十畝。塘水澄清。夏秋之間。菱初熟。浮於水上。或青或紅。村中女子。邀鄰

第124课 采菱

小村旁，有菱塘。广约十亩，塘水澄清。夏秋之间，菱初熟，浮於水上，或青或红。村中女子，邀邻伴，划小舟，同往采菱。

伴 划 便 陸 瀦 闊 產 濱 穫 恆 豐

伴。划小舟。同往採菱。
四面陸地。水瀦其中。小者曰池。
大者曰湖。湖水深闊。巨舟可以
往來。水中產魚蝦。多菱藕。而灌
田尤便。故湖濱之田。收穫恆豐。

第125课 湖

四面陆地，水潴其中，小者曰池，大者曰湖。湖水深阔，巨舟可以往来。水中产鱼虾，多菱藕，而灌田尤便。故湖滨之田，收获恒丰。

豢馴任勞供品凶暴骨

獸。

獸有二種。其居山野間者。曰野獸。其為人所豢養者。曰家畜。家畜性馴。可任勞力。供食品。野獸凶暴。能為人害。然獵者捕之。食其肉。或取其皮。毛。骨。角。以為

第126课 兽

兽有二种，其居山野间者，曰野兽；其为人所豢养者，曰家畜。家畜性驯，可任劳力、供食品。野兽凶暴，能为人害。然猎者捕之，食其肉，或取其皮、毛、骨、角，以为器服之用。

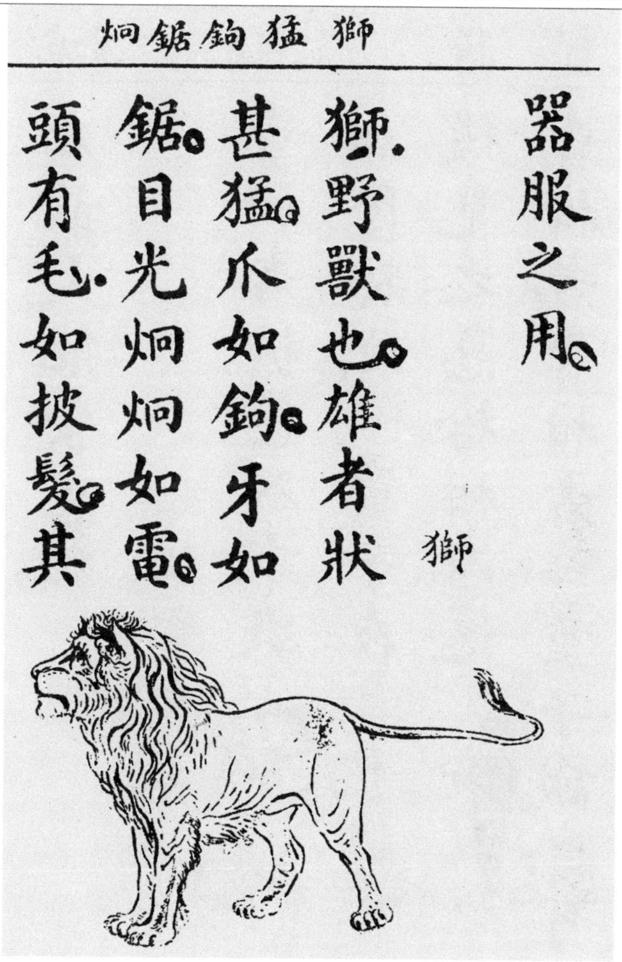

器服之用。

獅 猛 鈎 鋸 炯

獅

獅。野獸也。雄者狀甚猛。爪如鈎。牙如鋸。目光炯炯如電。頭有毛。如披髮。其

第127课 狮

狮，野兽也。雄者状甚猛，爪如钩，牙如锯，目光炯炯如电。头有毛，如披发。其力最大，能食虎、豹。

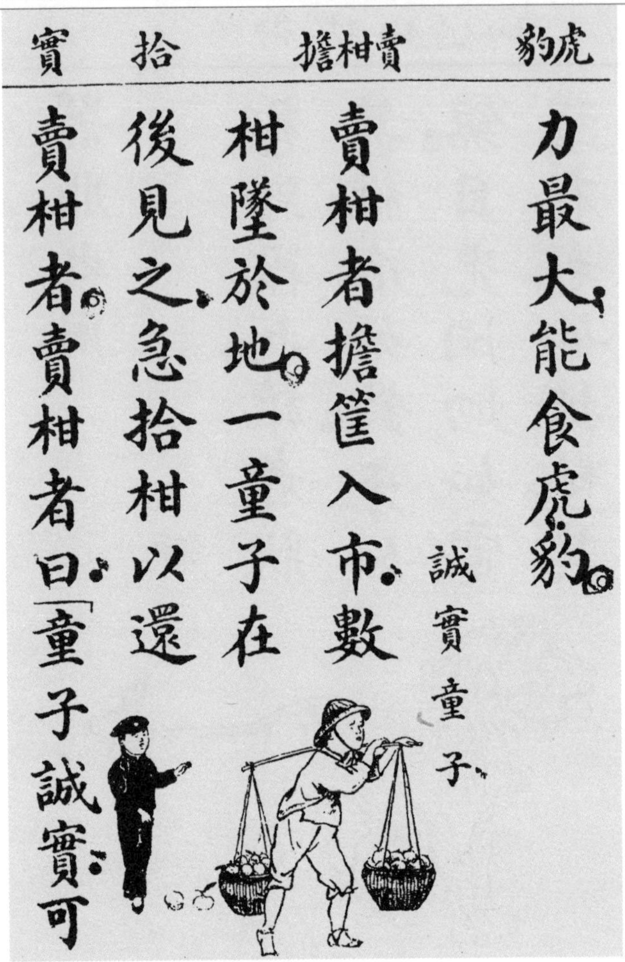

第128课 诚实童子

卖柑者担筐入市，数柑坠于地。一童子在后见之，急拾柑以还卖柑者。卖柑者曰：“童子诚实，可嘉也。”取二柑报之，童子不受。

嘉受 編培壅 纍摘較鮮

嘉也。取二柑報之。童子不受。

果園

吾家有園。編種果樹。培壅甚勤。一年之間。先後開花。花落。結為果。纍纍滿樹。及熟。摘而食之。較買諸市中者。味尤鮮美。

第129课 果园

吾家有园，遍种果树，培壅甚勤。一年之间，先后开花。花落，结为果，累累满树。及熟，摘而食之，较买诸市中者，味尤鲜美。

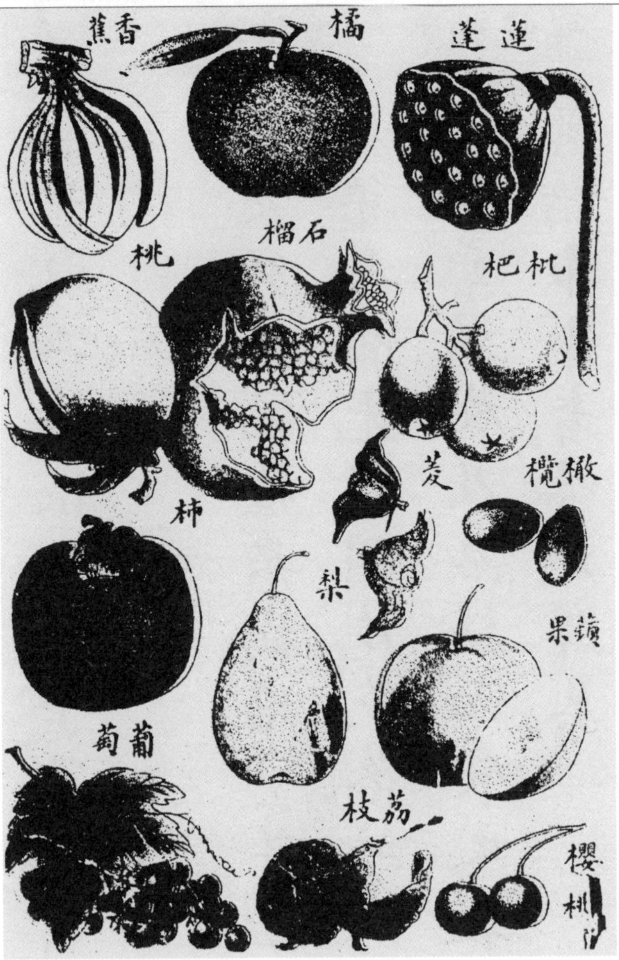

香蕉、橘、莲蓬、桃、石榴、枇杷、柿、梨、菱、橄榄、葡萄、荔枝、苹果、樱桃。

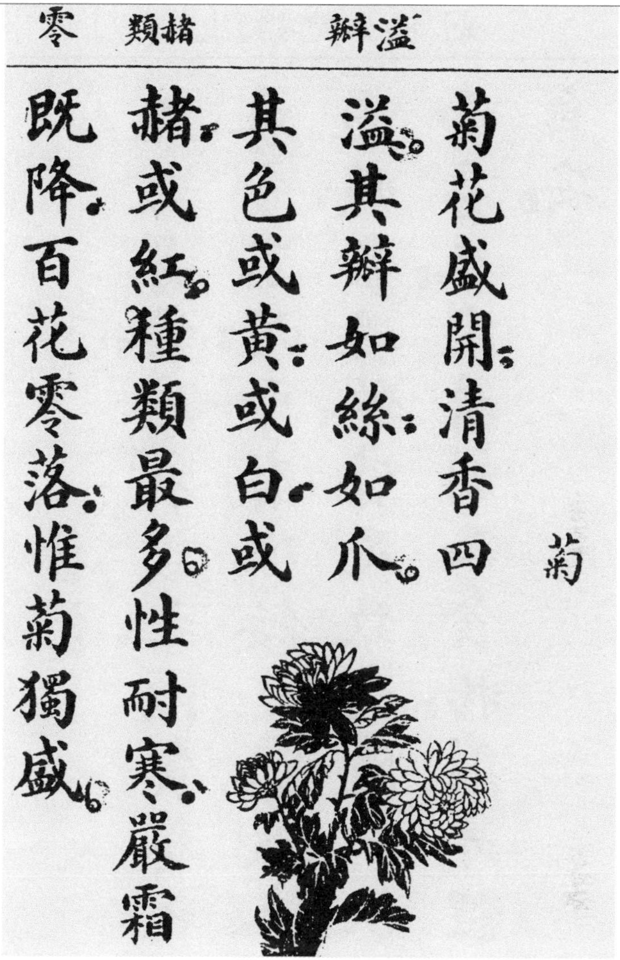
溢 瓣 赭 類 零

菊

菊花盛開。清香四溢。其瓣如絲、如爪。其色或黃、或白、或赭、或紅。種類最多。性耐寒。嚴霜既降。百花零落。惟菊獨盛。

第130课 菊

菊花盛开，清香四溢。其瓣如丝、如爪，其色或黄、或白、或赭、或红，种类最多。性耐寒，严霜既降，百花零落，惟菊独盛。

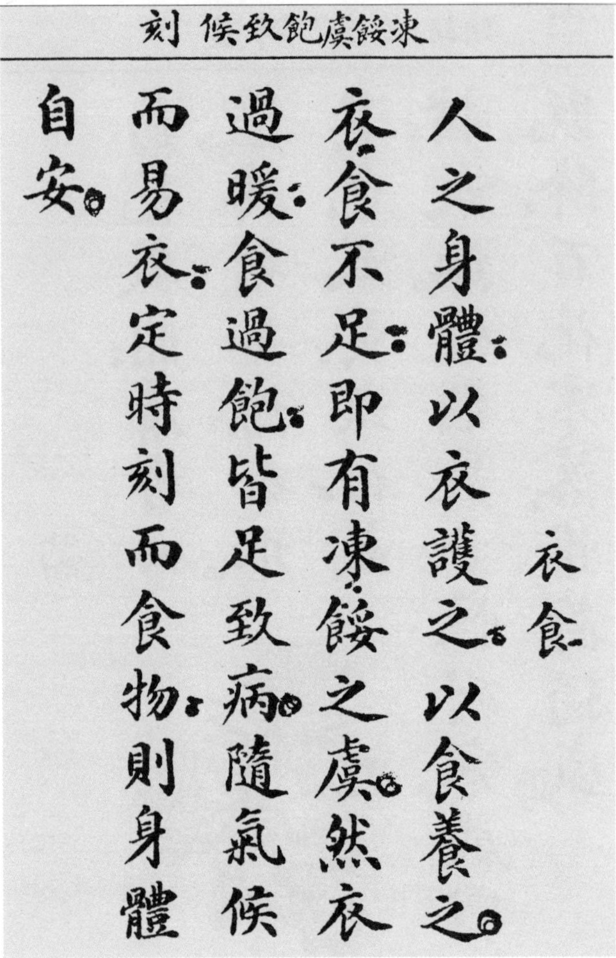
凍餒虞飽致候刻

衣食

人之身體，以衣護之，以食養之。衣食不足，即有凍餒之虞。然衣過暖，食過飽，皆足致病。隨氣候而易衣，定時刻而食物，則身體自安。

第131课 衣食

人之身体，以衣护之，以食养之。衣食不足，即有冻馁之虞。然衣过暖，食过饱，皆足致病。随气候而易衣，定时刻而食物，则身体自安。

稻 粟 礱 殼 糠 炊 釜 粥

米

農夫種稻，手、足勤勞。歷春、夏、秋三時，始得粟。又用礱去殼，用臼去糠，始成白米。然後炊之釜中，或為飯，或為粥。食者當知其不易也。

第132课 米

农夫种稻，手、足勤劳。历春、夏、秋三时，始得粟。又用砻去壳，用臼去糠，始成白米。然后炊之釜中，或为饭，或为粥。食者当知其不易也。

繁　麻　雜

布

布類甚繁。以麻織成者，曰麻布，宜用於夏日。以棉織成者，曰棉布，宜用於冬日。又有雜麻與絲，織成花紋。

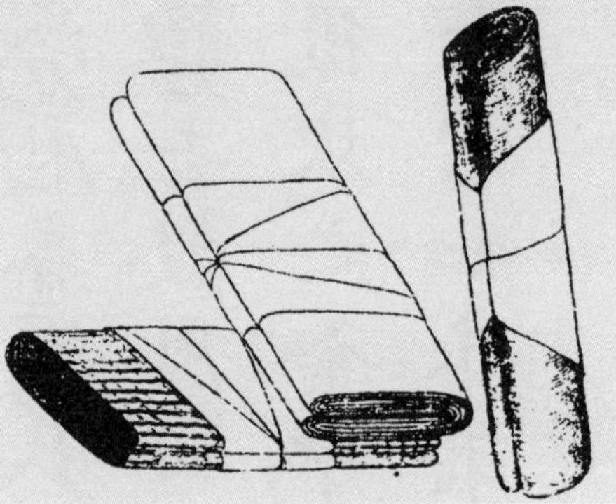

第133课 布

布类甚繁。以麻织成者，曰麻布，宜用于夏日。以棉织成者，曰棉布，宜用于冬日。又有杂麻与丝，织成花纹，其光彩类绸缎者，则为丝布。

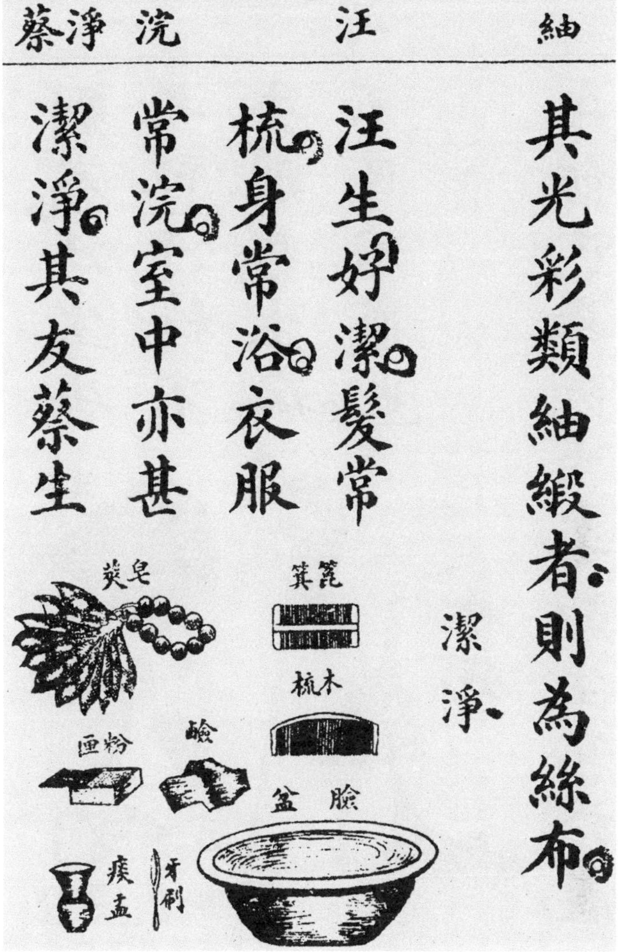

第134课 洁净

汪生好洁，发常梳，身常浴，衣服常浣。室中亦甚洁净。其友蔡生则否。汪生告之曰：“污秽不去，则易生病，不可不戒也。”

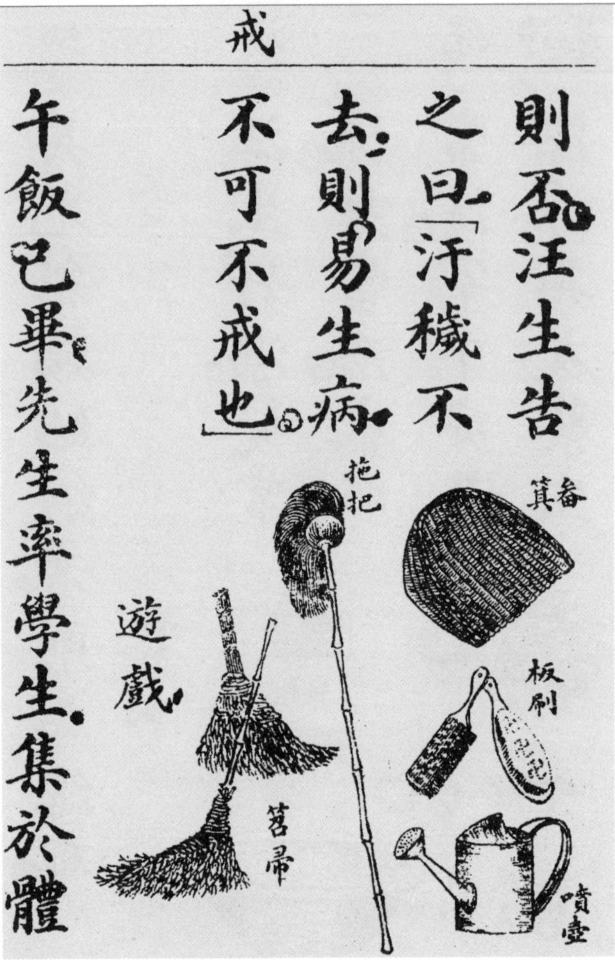

戒

則否，汪生告之曰：「汙穢不去，則易生病。不可不戒也」。

遊戲

午飯已畢，先生率學生，集於體

第135课 游戏

午饭已毕，先生率学生，集于体操场。或唱歌，或击球，或抽陀螺，随意游戏。及闻铃声，排班入课堂，无一后至者。

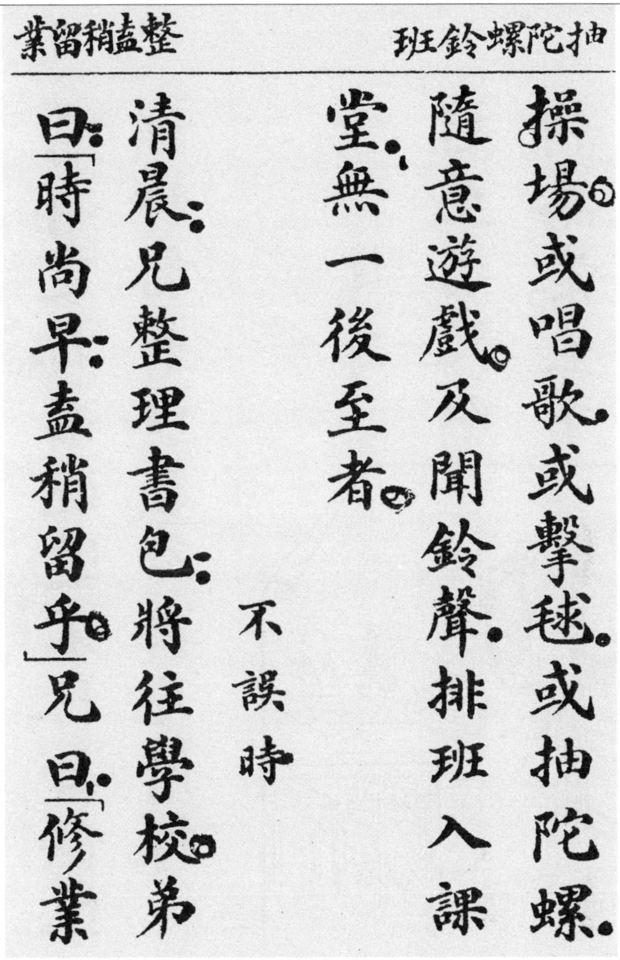
抽陀螺鈴班　整盍稍留業

操場。或唱歌。或擊毬。或抽陀螺。隨意遊戲。及聞鈴聲。排班入課堂。無一後至者。

不誤時

清晨。兄整理書包。將往學校。弟曰。「時尚早。盍稍留乎。」兄曰。「修業

第136课　不误时

清晨，兄整理书包，将往学校。弟曰：“时尚早，盍稍留乎？”兄曰：“修业当有定时。若迟迟不行，必误上课时刻。”弟曰：“善。”乃与兄偕行。

遲

當有定時。若遲遲不行。必誤上課時刻。」弟曰：「善。」乃與兄偕行。

趙至

趙至之父。以耕為業。至年

第137课 赵至

赵至之父，以耕为业。至年十三，父令就塾读书。一日，闻父叱牛声，掩面而泣。师问故，至曰：“予年少，未能奉养，使老父不免劳苦，故自悲耳。”

就塾叱掩泣師予苦悲

十三。父令就塾讀書。一日。聞父叱牛聲。掩面而泣。師問故。至曰。「予年少。未能奉養。使老父不免勞苦。故自悲耳。」

親恩

人初生時。飢不能自食。寒不能

第138课 亲恩

人初生时，饥不能自食，寒不能自衣，父母乳哺之、怀抱之；有疾，则延医诊治；及年稍长，又使入学，其劳苦如此。为子女者，岂可忘其恩乎！

哺 延醫診 恩

自衣。父母乳哺之、懷抱之、有疾、則延醫診治。及年稍長、又使入學。其勞苦如此。為子女者、豈可忘其恩乎。

母羊求救

童子出遊。有母羊向之悲鳴、既

屢　顧　怪　哀號　歡

前走。又屢顧。童子怪之。隨其後。至一池旁。見小羊墮水中。哀號方急。童子乃握其角。提置岸上。母羊偕小羊。歡躍而去。

第139课　母羊求救

童子出游，有母羊向之悲鸣。既前走，又屡顾。童子怪之，随其后。至一池旁，见小羊堕水中，哀号方急。童子乃握其角，提置岸上。母羊偕小羊，欢跃而去。

沿街索價　缺

鄉人

鄉人種菜為業。每日晨起。擔菜兩筐。入城中、沿街喚賣。人以其索價不二：菜又肥美：故爭買之。鄉人得錢：易布與米：一家衣食：得以無缺。

第140课　乡人

乡人种菜为业。每日晨起，担菜两筐，入城中，沿街唤卖。人以其索价不二，菜又肥美，故争买之。乡人得钱，易布与米，一家衣、食，得以无缺。

曝 醃鹽旬甕封 猶

醃菜

寒霜屢下，園菜漸肥。取而曝之，俟略乾，置缸中，醃以鹽。旬餘，便可取食。若藏之於甕，泥封其口，雖留至明年，猶可食也。

器具

第141课 腌菜

寒霜屡下，园菜渐肥。取而曝之，俟略干，置缸中，腌以盐。旬余，便可取食。若藏之于瓮，泥封其口，虽留至明年，犹可食也。

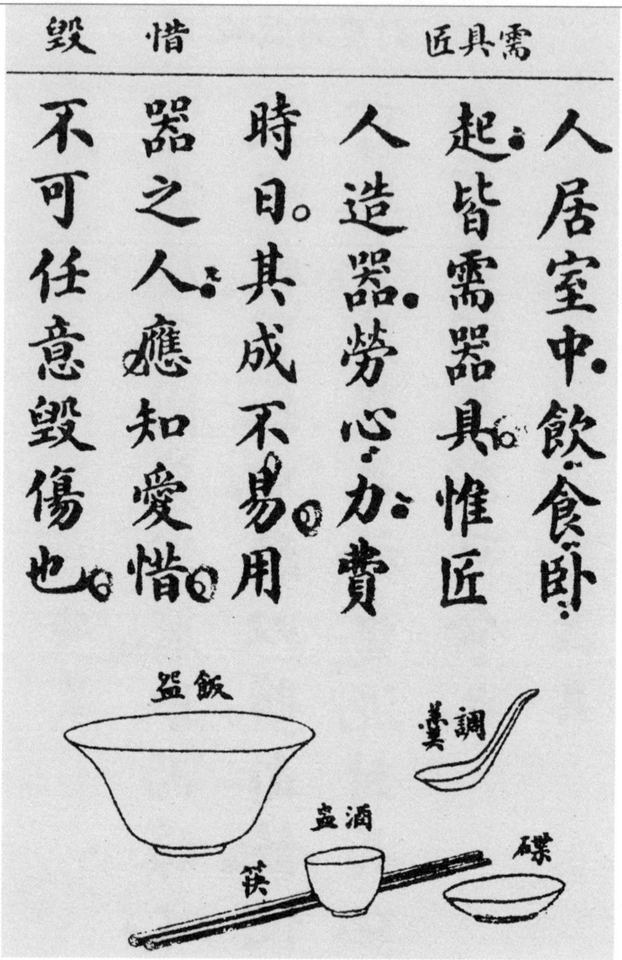

需具匠　惜　毁

人居室中。飲、食、臥、起。皆需器具。惟匠人造器。勞心、力。費時日。其成不易。用器之人。應知愛惜。不可任意毀傷也。

第142课　器具

人居室中，饮、食、卧、起，皆需器具。惟匠人造器，劳心、力，费时日，其成不易。用器之人，应知爱惜，不可任意毁伤也。

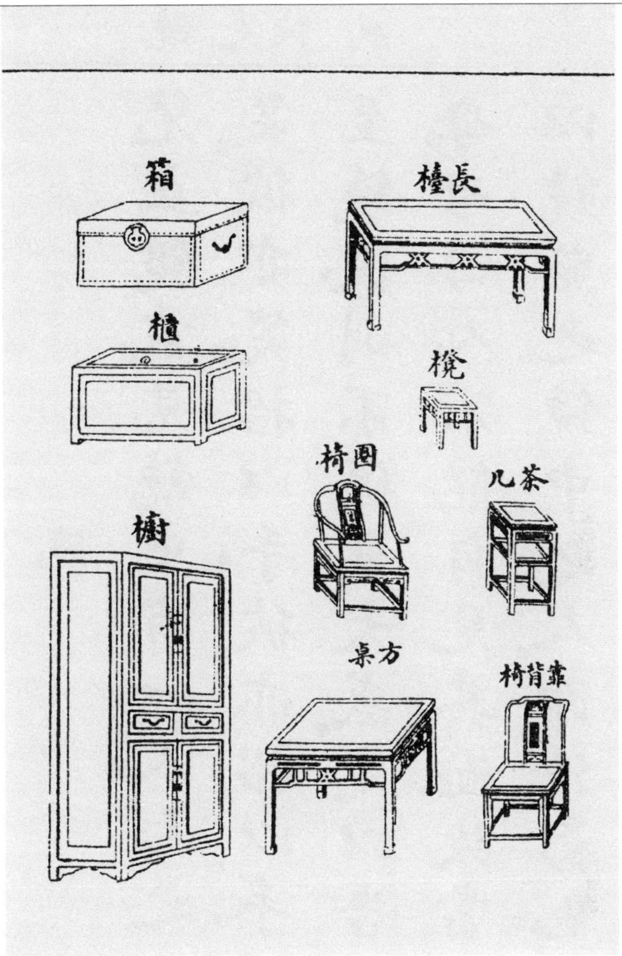

箱、柜、橱、长台、凳、圈椅、方桌、茶几、靠背椅。

鏡　笑　彼　惑

鏡

兒立鏡前。見鏡中有一人。向之笑。彼亦笑。招以手。彼亦招以手。至鏡後。則不復見。大惑。走以告母。母曰。「人不能自見其面。故當以鏡照之。鏡中之人。即汝影也。」

第143课 镜

儿立镜前，见镜中有一人，向之笑，彼亦笑；招以手，彼亦招以手；至镜后，则不复见。大惑，走以告母，母曰：“人不能自见其面，故当以镜照之。镜中之人，即汝影也”。

輪 軸 貫 轅駕

陸行用車。車有輪。其形圓。軸貫其中。故能旋轉。大車。用轅駕

車（一）

第144课 车

陆行用车。车有轮，其形圆。轴贯其中，故能旋转。大车，用辕驾骡马，御者坐车前，执鞭驱之。小车，则用人力，或推之，或挽之。

騾 御 鞭 輓

騾馬。御者坐車前。執鞭驅之。小車則用人力。或推之。或輓之。

車（二）

古時行車。或用人力。或用獸力。近百年中。新製

古时行车，或用人力，或用兽力。近百年中，新制叠出。有用汽力者，曰汽车；有用电力者，曰电车；亦有仍用人力，而行驶最轻便者，则为脚踏车。

汽　駛腳踏

疊出。有用汽力者。曰汽車。有用電力者。曰電車。亦有仍用人力。而行駛最輕便者。則為腳踏車。

象 壯 健 厚 納 捲

象，體壯而健。皮堅而厚。口有兩牙，伸出唇外。其鼻甚長，能吸水，納於口而飲之。又能捲取食物。如人之用手。

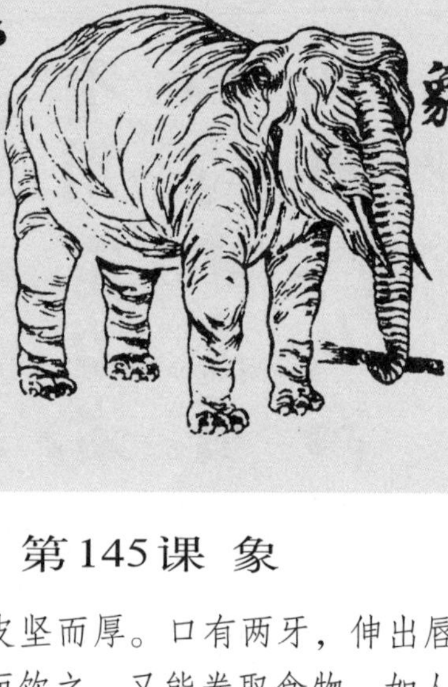

象

第145课 象

象，体壮而健，皮坚而厚。口有两牙，伸出唇外。其鼻甚长，能吸水，纳于口而饮之。又能卷取食物，如人之用手。

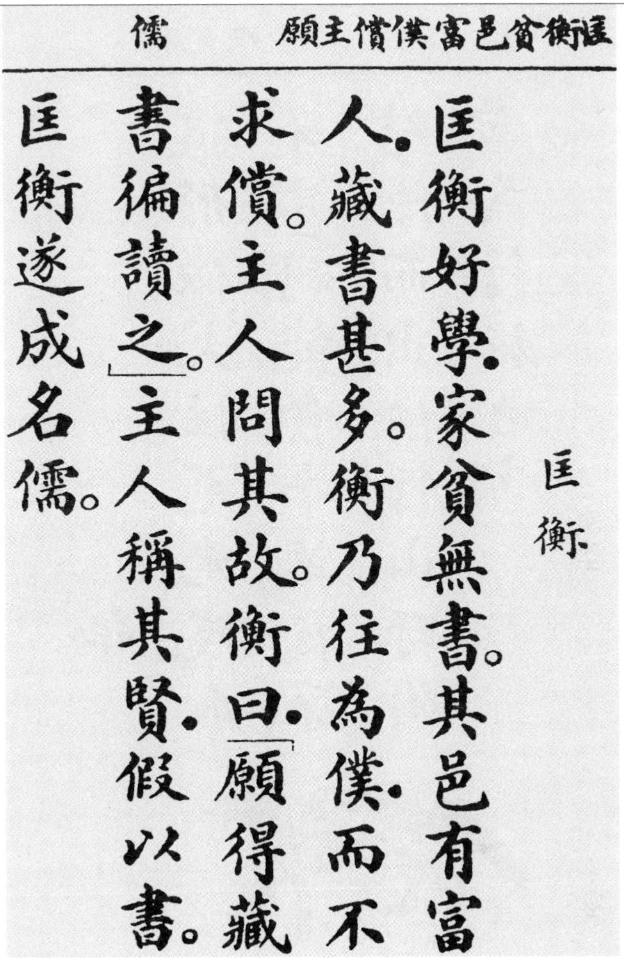
匡衡貧邑富僕償主願儒

匡衡

匡衡好學。家貧無書。其邑有富人。藏書甚多。衡乃往為僕。而不求償。主人問其故。衡曰。「願得藏書徧讀之。」主人稱其賢。假以書。匡衡遂成名儒。

第146课 匡衡

匡衡好学，家贫无书。其邑有富人，藏书甚多。衡乃往为仆，而不求偿。主人问其故，衡曰：“愿得藏书遍读之。”主人称其贤，假以书。匡衡遂成名儒。

狼兇残　旅

狼

狼形似犬。性尤兇残。爪牙甚利。能食牛羊。夜深。結隊而出。横行山野間。常為行旅之害。

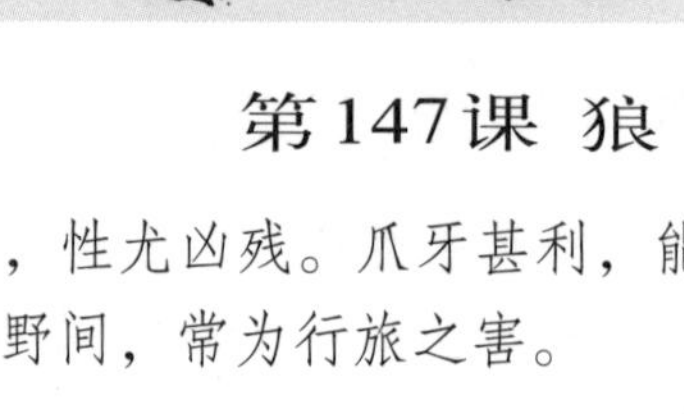

第147课 狼

狼形似犬，性尤凶残。爪牙甚利，能食牛羊。夜深，结队而出，横行山野间，常为行旅之害。

侍 着 並 茂 枯

歲寒三友

兒侍父。立庭前。見梅樹著花。松竹並茂。兒問曰。「霜、雪之時。他樹多枯落。何以三者獨否。」父曰。「其性皆耐寒。與他樹不同。古人稱歲寒三友。即松、竹、梅也。」

第148课 岁寒三友

儿侍父，立庭前。见梅树着花，松竹并茂。儿问曰："霜、雪之时，他树多枯落，何以三者独否？"父曰："其性皆耐寒，与他树不同。古人称岁寒三友，即松、竹、梅也。"

堆　肢臃腫趺　僧

大雪之後。庭中積
雪數寸。羣兒偕來。
堆雪作人形。目張。
口開。肢體臃腫。趺夫
坐如僧。有頃。日出

雪人

第149课 雪人

大雪之后，庭中积雪数寸，群儿偕来，堆雪作人形。目张、口开，肢体臃肿，趺坐如僧。有顷，日出雪融。雪人亦消瘦，渐化为水矣。

融消瘦　滑扶杖　仆　巾代　餉

雪融。雪人亦消瘦。漸化為水矣。

敬老

雪初止。路中泥滑。有老人。扶杖獨行。失足仆地。一童子趨而扶之。既起。取巾代拭衣履。問其所居。送之歸家。老人欲具飯餉之。童子曰。「恐家人盼我。」遂辭出。

第150课 敬老

雪初止，路中泥滑。有老人，扶杖独行，失足仆地。一童子趋而扶之，既起，取巾代拭衣履。问其所居，送之归家。老人欲具饭饷之，童子曰：“恐家人盼我。”遂辞出。

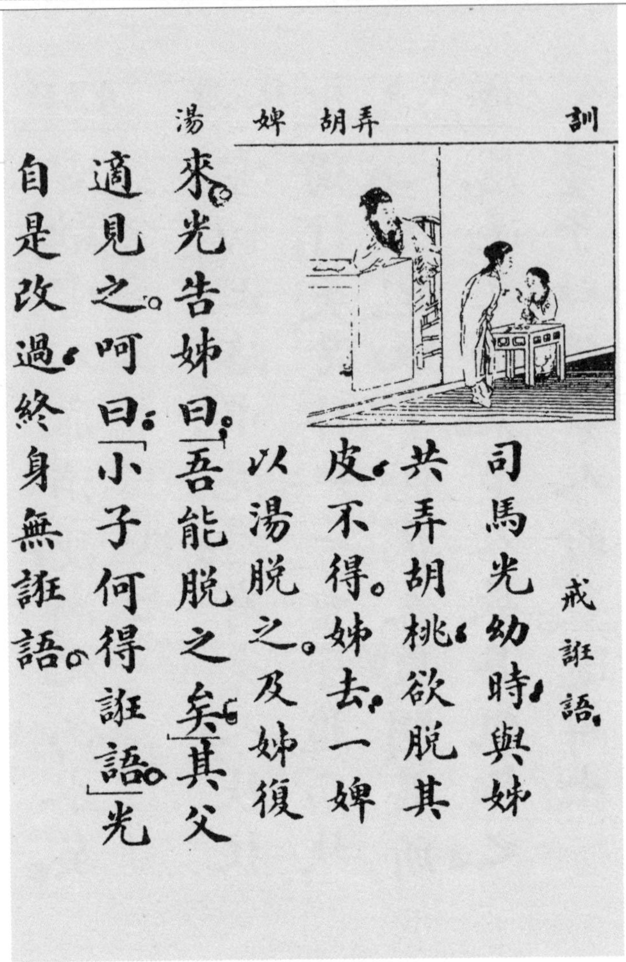

戒誑語，
司馬光幼時，與姊共弄胡桃，欲脫其皮，不得。姊去，一婢以湯脫之。及姊復來，光告姊曰，「吾能脫之矣。」其父適見之。呵曰。「小子何得誑語。」光自是改過，終身無誑語。

第151课 戒诳语

司马光幼时，与姊共弄胡桃，欲脱其皮，不得。姊去，一婢以汤脱之。及姊复来，光告姊曰：“吾能脱之矣。”其父适见之，呵曰：“小子何得诳语。”光自是改过，终身无诳语。

部　臟腑

全體之功用

人體可分三部。曰頭。曰幹。曰肢。頭中有腦。為運動知覺之本。外有耳。目。口。鼻。耳司聽。目司視。鼻司呼吸。口司飲食。言。語。自頸至腹為幹。內有臟腑。所以消化食物。運行氣血。兩手兩足為肢。以手作事。以足行路。此全體之功用也。

第152课 全体之功用

人体可分三部，曰头，曰干，曰肢。头中有脑，为运动知觉之本。外有耳、目、口、鼻。耳司听，目司视，鼻司呼吸，口司饮食、言语。自颈至腹为干，内有脏腑，所以消化食物，运行气血。两手两足为肢，以手作事，以足行路。此全体之功用也。

孩第　換搖拔　齊　齩襟袖

齒

孩童初生。口內無齒。七八月之後。次第發生。名曰乳齒。至七八歲時。乳齒漸脫。盡換新齒。新齒生時。乳齒動搖。拔去之。則新齒排列整齊。新齒既生。喜齩襟。袖。及指甲。久則成習。不可不戒也。

第153课 齿

孩童初生，口内无齿。七八月之后，次第发生，名曰乳齿。至七八岁时，乳齿渐脱，尽换新齿。新齿生时，乳齿动摇，拔去之，则新齿排列整齐。新齿既生，喜咬襟、袖，及指甲，久则成习，不可不戒也。

辮洲制度　界萬　翦　弊　陋

翦髮

辮髮為滿洲制度。我國古時無有也。世界萬國亦無有也。民國成立之初。即下令翦髮。既便於作事。又合於衞生。有百利。無一弊。凡我國民。勿固守陋習也。

第154课　剪发

辫发为满洲制度。我国古时无有也，世界万国亦有也。民国成立之初，即下令剪发。既便于作事，又合于卫生，有百利，无一弊。凡我国民，勿固守出陋习也。

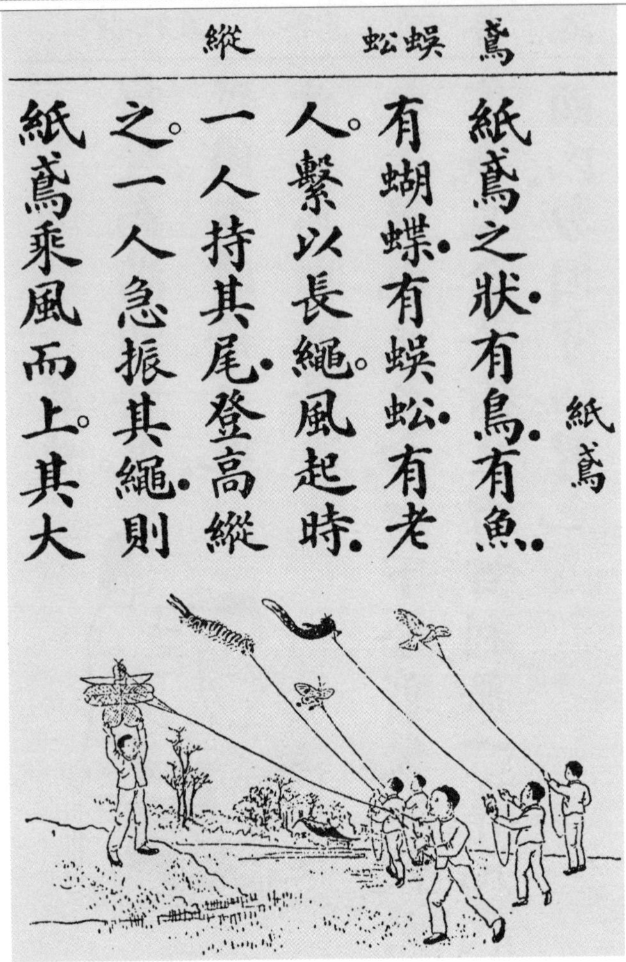
鳶　蜈蚣　縱

紙鳶

紙鳶之狀、有鳥、有魚、有蝴蝶、有蜈蚣、有老人。繫以長繩。風起時、一人持其尾、登高縱之。一人急振其繩、則紙鳶乘風而上。其大

第155课 纸鸢

纸鸢之状，有鸟、有鱼、有蝴蝶、有蜈蚣、有老人，系以长绳。风起时，一人持其尾，登高纵之；一人急振其绳，则纸鸢乘风而上。其大者，上缚弓弦，风激弦鸣，其声泱泱，故又名风筝。

縛弦激泱　柳臨末細蕊絮綻質輭舞

者。上縛弓弦。風激弦鳴。其聲泱泱。故又名風箏。

楊柳

楊柳。隨處可種。臨水尤宜。春初發葉。旋開黃花。及春末。葉漸多。花中結實。細而黑。蕊落。有絮綻出。質輭如棉。色白如雪。隨風飛舞。散於各處。

第156课　杨柳

杨柳，随处可种，临水尤宜。春初发叶，旋开黄花。及春末，叶渐多。花中结实，细而黑。蕊落，有絮绽出，质软如棉，色白如雪，随风飞舞，散于各处。

姬軒蚩亂 殺侯尊 交

黃帝

黃帝姓姬。名軒轅。時有蚩尤作亂。帝與戰而勝之。遂殺蚩尤。諸侯尊為天子。黃帝作弓矢。以供戰爭。作舟車。以利交通。作衣服器具。以為養生之用。後世利之。

第157课 黄帝

黄帝姓姬，名轩辕。时有蚩尤作乱，帝与战而胜之，遂杀蚩尤，诸侯尊为天子。黄帝作弓、矢，以供战争。作舟、车，以利交通。作衣服、器具，以为养生之用。后世利之。

陵　嫘妃育裳　蠕

嫘祖

上古之民。未有衣服。其用以蔽體者。夏則樹葉。冬則獸皮。及黃帝時。西陵氏有女曰嫘祖。為黃帝元妃。發明蠶絲之用。乃教民育蠶治絲。以製衣裳。

蠶

春夏之交。蠶子始孵化。蠕蠕如黑蟻。稍

第158课 嫘祖

上古之民，未有衣服，其用以蔽体者，夏则树叶，冬则兽皮。及黄帝时，西陵氏有女曰嫘祖，为黄帝元妃。发明蚕丝之用，乃教民育蚕治丝，以制衣裳。

蛻　吐　繭　蛹　蛾

長而蛻。凡四次。經三四十日。吐絲作繭。絲盡。化為蛹。伏於繭中。不食不動。又旬日。成蛾。乃破繭而出。蛾復生子。至明年。又孵化而為蠶。

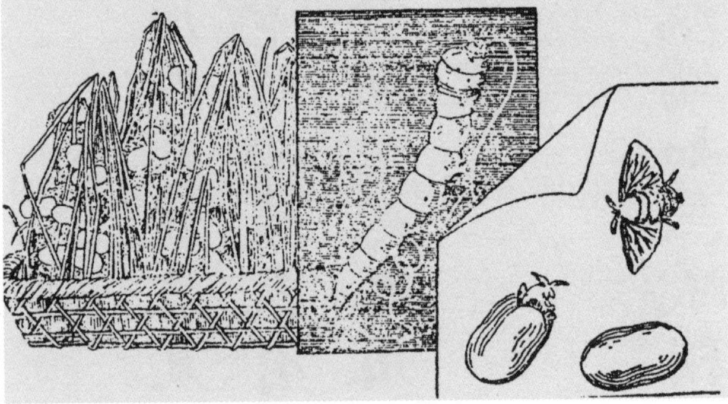

第159课 蚕

春夏之交，蚕子始孵化，蠕蠕如黑蚁。稍长而蜕，凡四次，经三四十日，吐丝作茧。丝尽，化为蛹，伏于茧中，不食不动。又旬日，成蛾，乃破茧而出。蛾复生子，至明年，又孵化而为蚕。

繅　溶　緒　烘　　下靜郵局函呈接拆

絲

蠶既成繭。可以繅絲。其法。煮繭釜中。溶其膠質。乃尋其緒以抽之。捲於絲車之上。如繭多不及繅。可先以火烘之。使蛹死不復成蛾。可以久藏不壞。

第160课 丝

蚕既成茧，可以缫丝。其法，煮茧釜中，溶其胶质，乃寻其绪以抽之，卷于丝车之上。如茧多不及缫，可先以火烘之，使蛹死不复成蛾，可以久藏不坏。

巔 海 變 原 證

地球

吾儕所居之地圓。而略扁。故名地球。人立高山之巔。遠望海中來船。先見船桅。後見船身。其去時。船身先沒。船桅後沒。環遊地球者。如向東而行。方向不變。久之。必回原處。此皆地圓之證也。

第161课 地球

吾侪所居之地，园而略扁，故名地球。人立高山之巅，运望海中来船，先见船桅，后见船身。其去时，船身先没，船桅后没。环游地球者，如向东而行，方向不变，久之，必回原外。此皆地圆之证也。

運動

鍾兒飯罷。跳躍為戲。未幾。氣喘汗出。腰腹作痛。父曰。「運動失宜。有礙衛生。飽飯之後。當緩步院中。使所食之物。易於消化。今汝飯後跳躍。是失宜也。後當慎之。」

第162课 运动

钟儿饭罢，跳跃为戏，未几，气喘汗出，腰腹作痛。父曰：“运动失宜，有碍卫生。饱饭之后，当缓步院中，使所食之物，易于消化，今汝饭后跳跃，是失宜也。后当慎之。”

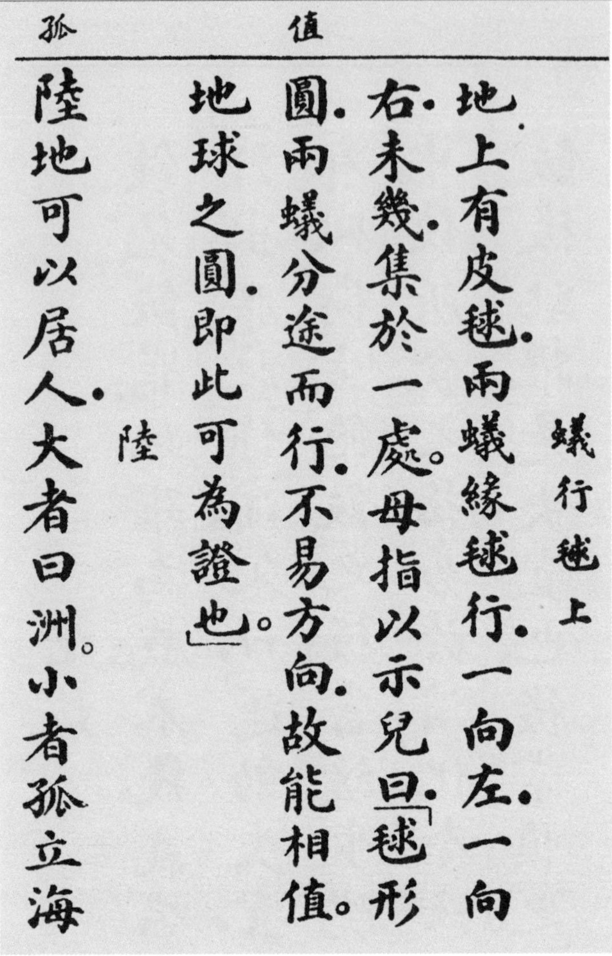
孤　值

蟻行毬上

地上有皮毬。兩蟻緣毬行。一向左。一向右。未幾。集於一處。母指以示兒曰「毬形圓。兩蟻分途而行。不易方向。故能相值。地球之圓。即此可為證也。」

陸

陸地可以居人。大者曰洲。小者孤立海

第163课 蚁行球上

地上有皮球，两蚁缘球行，一向左，一向右，未几，集于一处。母指以示儿曰：“球形圆，两蚁分途而行，不易方向，故能相值。地球之圆，即此可为证也。”

島　突平阜邱　坦　勢沙

中。曰島。三面在水。一面連大陸者。曰半島。山。突起於平地。小者曰阜。曰邱陵。能出火者。曰火山。平原者。地之平坦者也。其地勢高者。曰高原。沙。石之地。無

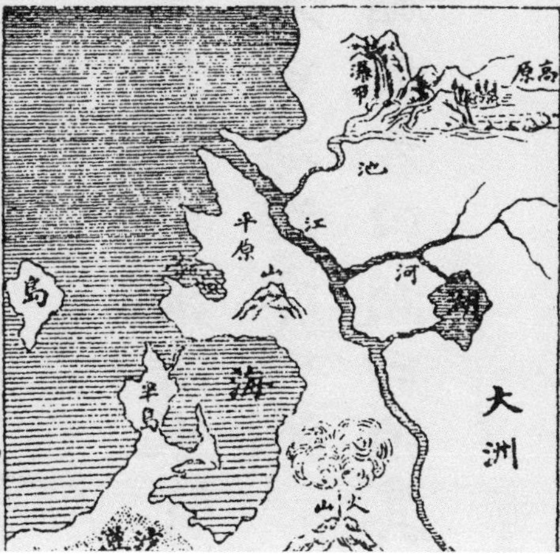

第164课　陆

陆地可以居人，大者曰洲。小者孤立海中，曰岛。三面在水，一面连大陆者，曰半岛。山，突起于平地，小者曰阜、曰丘、陵。能出火者，曰火山。平原者，地之平坦者也。其地势高者，曰高原。沙、石之地，无水、草者，曰沙漠。

漠　洋彎泊灣港　江溪

水草者、曰沙漠。

水

地面之水、大者曰洋、其次曰海。海水彎入陸地、可以泊舟者、曰海灣。亦曰港。大陸之上、有低地瀦水者、曰湖、曰泊。其小者曰池。流通地面之水為江河。在山間者、為溪

第165课 水

地面之水，大者曰洋，其次曰海。海水弯入陆地，可以泊舟者，曰海湾，亦曰港。大陆之上，有低地潴水者，曰湖，曰泊。其小者曰池。流通地面之水为江河。在山间者，为溪涧。其自高处倾泻而下，遥望之，如悬空之布，是为瀑布。

澗傾瀉瀑　洪患舜憂禹壹志導

澗。其自高處傾瀉而下。遥望之。如懸空之布。是為瀑布。

古時洪水為患。民無安居之所。帝舜憂之。命禹治水。禹乃苦心壹志。導水入江河。順流至於海。在外十三年。三過家門。未

禹

第166课　禹

古时洪水为患，民无安居之所。帝舜忧之，命禹治水。禹乃苦心一志，导水入江河，顺流至于海。在外十三年，三过家门，未遑一入，水患始平。舜以禹有大功，禅以帝位。禹乃继舜为天子，国号曰夏。

遑 禪 繼 號　崩　桀 道 伐　商

遑一入水患始平。舜以禹有大功。禪以帝位。禹乃繼舜為天子。國號曰夏。

湯武

禹崩。其子孫世繼其位。凡四百餘年。至桀無道。湯舉兵伐之。代夏為天子。國號商。

第167课 汤武

禹崩，其子、孙世继其位，凡四百余年。至桀无道。汤举兵伐之，代夏为天子，国号商。汤之子、孙传国六百余年。至纣无道。武王举兵伐之，代商为天子，国号周。古之诸侯，以伐暴救民，行革命之举者，自汤、武始。

紂武　革　牡丹叢　貴

湯之子孫。傳國六百餘年。至紂無道。武王舉兵伐之。代商為天子。國號周。古之諸侯。以伐暴救民。行革命之舉者。自湯武始。

牡丹芍藥

牡丹。古人稱為花王。莖叢生。花有單瓣。有重瓣。以白與淡紅者為貴。惟培植獨

第168课 牡丹芍药

牡丹，古人称为花王。茎丛生。花有单瓣、有重瓣。以白与淡红者为贵。惟培植独难，常有败叶腐蕾之患。芍药之美，次于牡丹，而培养较易。花谢后，割其茎，秋时分种之。及明年夏时开花，丰艳可爱。

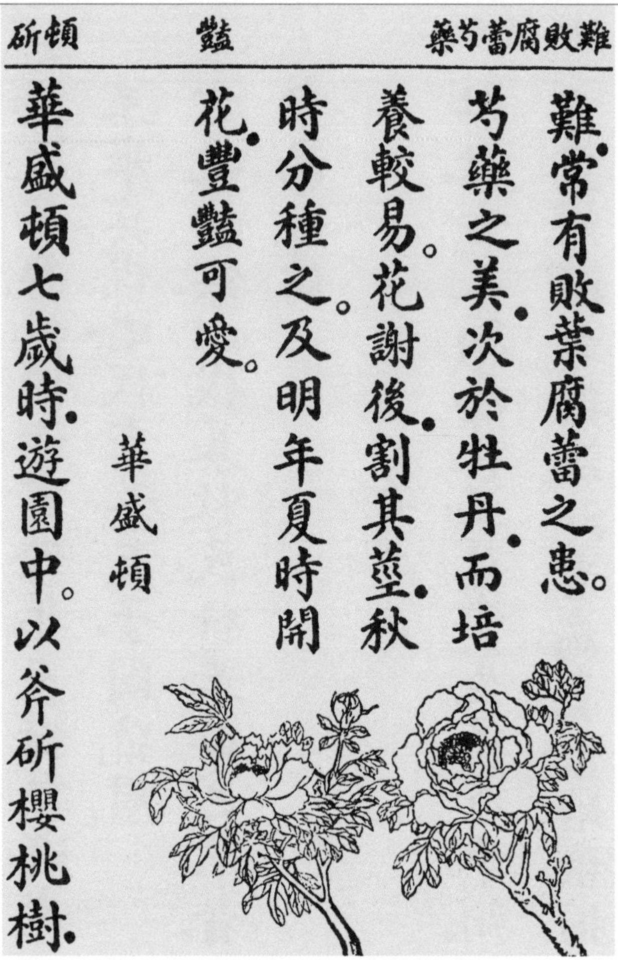
難敗腐蕾芍藥　豔　頓斫

難。常有敗葉腐蕾之患。芍藥之美。次於牡丹。而培養較易。花謝後。割其莖。秋時分種之。及明年夏時開花。豐豔可愛。

華盛頓

華盛頓七歲時。遊園中。以斧斫櫻桃樹。

第169课 华盛顿

华盛顿七岁时，游园中。以斧斫樱桃树，断之。其父归，见而怒曰：“樱桃吾所爱，谁斫之？”家人惧，不敢言。华盛顿趋至父前，自承曰：“斫樱桃者儿也。”父遽释怒，执其手慰之曰：“汝能不欺，予不责汝矣。”

怒 誰 敢 承 遽 慰 欺 責

斷之。其父歸，見而怒曰「櫻桃吾所愛，誰斫之」。家人懼，不敢言。華盛頓趨至父前，自承曰「斫櫻桃者，兒也」。父遽釋怒，執其手慰之曰「汝能不欺，予不責汝矣」。

籠毬

師率學生十餘，同往遊戲。場中豎長竿，竿頭繫小籠。分學生為甲乙二隊，對立

乙

第170课 笼球

师率学生十余，同往游戏。场中坚长竿，竿头系小笼。分学生为甲乙二队，对立竿之左右。甲队各持红球，乙队各持白球，争掷笼中。掷毕，解笼数之，红球多于白球，胜负乃决。

擲數決　　驢蒙

竿之左右。甲隊各持紅毬。乙隊各持白毬。爭擲籠中。擲畢。解籠數之。紅毬多於白毬。勝負乃決。

驢遇虎

驢蒙虎皮。羣獸畏之。無敢近者。驢自喜

第171课 驴遇虎

驴蒙虎皮，群兽畏之，无敢近者。驴自喜得计，时时出行，以威群兽。一日，遇虎，虎以为同类也，就而与游。驴骇极，大鸣，弃皮而遁，数里不敢息。

計　威　駭　棄

得計、時時出行、以威羣獸。一日、遇虎。虎以為同類也、就而與遊。驢駭極、大鳴、棄皮而遁、數里不敢息。

蜂 釀 蠟 簇

蜜蜂

庭花盛開。蜜蜂往來枝間。吸花之甜汁。釀蜜於房。以為冬日之糧。其房以蠟為壁。簇聚如毬。秋時。割其房。取蜜。可以調味。可以製藥。故養蜂之利甚大。

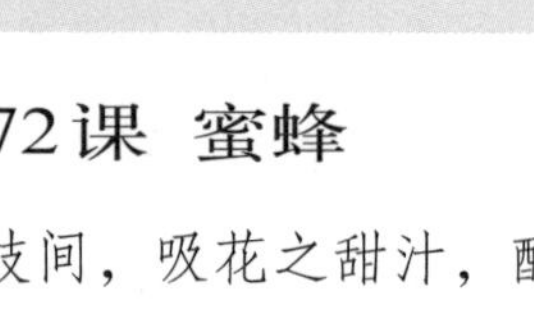

第172课 蜜蜂

庭花盛开。蜜蜂往来枝间，吸花之甜汁，酿蜜于房。以为冬日之粮。其房以蜡为壁，簇聚如球。秋时，割其房，取蜜，可以调味，可以制药。故养蜂之利甚大。

舍　奚　噫材儆　范

殺雁

莊子出於山。舍於故人家。故人喜。命豎子殺雁而烹之。豎子請曰「其一能鳴。其一不能鳴。請奚殺。」主人曰「殺不能鳴者。」噫。雁以不材。遂先見殺。人可不自儆乎。

跳繩

范生取一繩。執其兩端。向上擲之。繩自頂過。將

第173课　杀雁

庄子出于山，舍于故人家。故人喜，命竖子杀雁而烹之。竖子请曰：“其一能鸣，其一不能鸣，请奚杀。”主人曰：“杀不能鸣者。”噫，雁以不材，遂先见杀，人可不自儆乎！

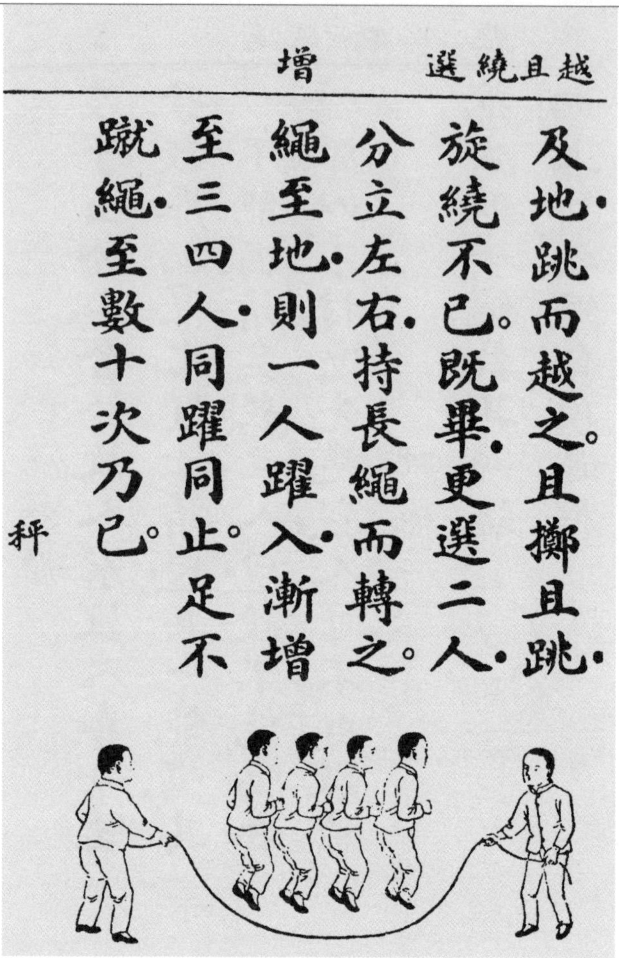
越且繞選　增

及地。跳而越之。且擲且跳。旋繞不已。既畢。更選二人。分立左右。持長繩而轉之。繩至地。則一人躍入。漸增至三四人。同躍同止。足不蹴繩。至數十次乃已。

秤

第174课 跳绳

范生取一绳，执其两端，向上掷之。绳自顶过，将及地，跳而越之。且掷且跳，旋绕不已。既毕，更选二人，分立左右，持长绳而转之。绳至地，则一人跃入，渐增至三四人，同跃同止。足不蹴绳，至数下次乃已。

傷人畜。毀廬舍。往往成巨災也。

草帽

天氣和暖之時。宜戴草帽。惟曩日所用者。多購自外國。耗費至鉅。我國山東諸省。原有草緶。可為草帽之材料。今人糾立公司。設廠自製。果能出品精良。必暢銷於各省也。

曩 耗 鉅 緶 料 糾 廠 暢 銷

第175课 草帽

天气和暖之时，宜戴草帽。惟曩日所用者，多购自外国，耗费至巨。我国山东诸省，原有草缏，可为草帽之材料。今人纠立公司，设厂自制。果能出品精良，必畅销于各省也。

蔓　渾　瓤炒

西瓜

西瓜·春時種之。莖蔓生。花黃色。瓜形渾圓。熟時·大者重可十餘斤。盛暑之日·剖而食其瓤·汁多味甜。瓜中有子·炒熟之·可去殼而食其仁。

自治

第176课 西瓜

西瓜，春时种之。茎蔓生。花黄色。瓜形浑圆。熟时。大者重可十余斤。盛暑之日，剖而食其瓤，汁多味甜。瓜中有子，炒熟之，可去壳而食其仁。

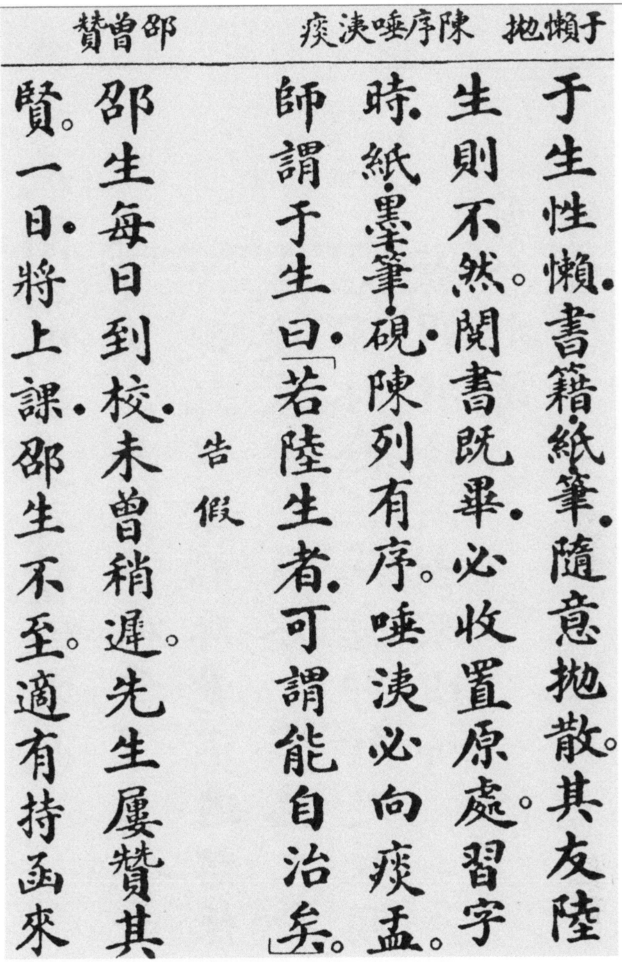
于懶抛　陳序唾洟痰　邵曾贊

于生性懶。書籍。紙筆。隨意抛散。其友陸生則不然。閱書既畢。必收置原處。習字時。紙。墨。筆。硯。陳列有序。唾洟必向痰盂。師謂于生曰。「若陸生者。可謂能自治矣。」

告假

邵生每日到校。未曾稍遲。先生屢贊其賢。一日。將上課。邵生不至。適有持函來

第177课 自治

于生性懒，书籍纸笔，随意抛散。其友陆生则不然。阅书既毕，必收置原处。习字时，纸、墨、笔、砚，陈列有序。唾洟必向痰盂。师谓于生曰：“若陆生者，可谓能自治矣。”

者。展閱之。則邵生之請假書也。

夫子大人尊鑒敬啟者　學生　今日
早起頭目暈眩殊覺不適想係
感受寒氣所致承　家慈之命
在家休息俟病愈即行赴校補
課用特修函告假伏祈
鑒詧敬請
鈞安　學生邵錫爵謹上　九月廿四日

第178课　告假

邵生每日到校，未曾稍迟。先生屡赞其贤。一日，将上课，邵生不至。适有持函来者，展阅之，则邵生之请假书也。夫子大人尊鉴敬启者　学生　今日早起头目晕眩殊觉不适，想系感受寒气所致，承家慈之命在家休息，俟病愈即行赴校补课。用特修函告假　伏祈　鉴察敬请　钧安　学生邵锡爵谨上　九月廿四日

上海图书馆馆藏拂尘·老课本

商务国语教科书

（下册）

庄俞等◎编写
张元济◎校订

上海科学技术文献出版社

目 录

衣服

人之衣所以護身。我國衣服長而大。故舒泰。

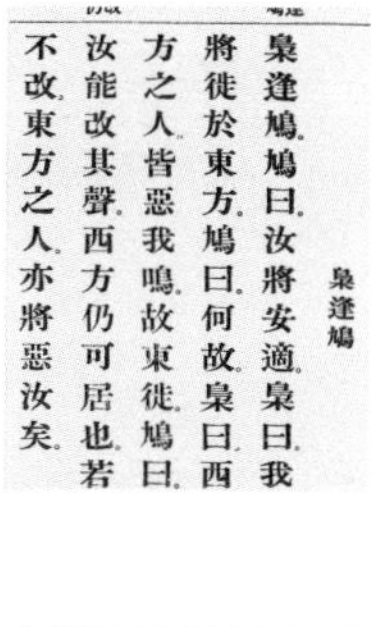
梟逢鳩

梟逢鳩。鳩曰。汝將安適。梟曰。我將徙於東方。鳩曰。何故。梟曰。西方之人。皆惡我鳴。故東徙。鳩曰。汝能改其聲。西方仍可居也。若不改。東方之人。亦將惡汝矣。

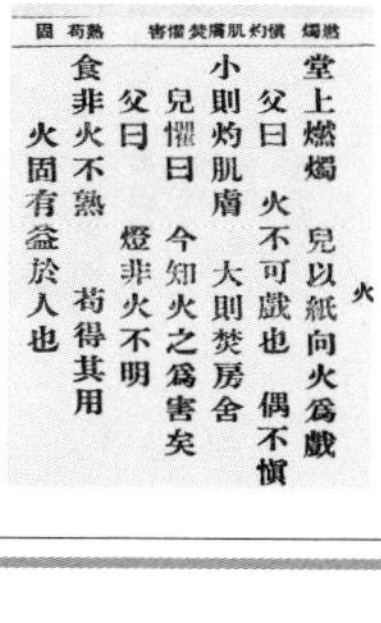
火

堂上燃燭 兒以紙向火爲戲 父曰 火不可戲也 偶不慎 小則灼肌膚 大則焚房舍 兒懼曰 今知火之爲害矣 父曰 燈非火不明 食非火不熟 苟得其用 火固有益於人也

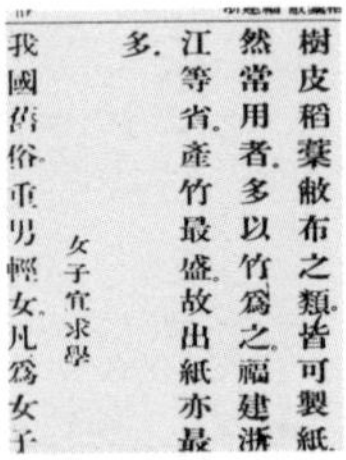
樹皮稻藁敝布之類。皆可製紙。然常用者。多以竹爲之。福建浙江等省。產竹最盛。故出紙亦最多。

女子宜求學

我國舊俗。重男輕女。凡爲女子

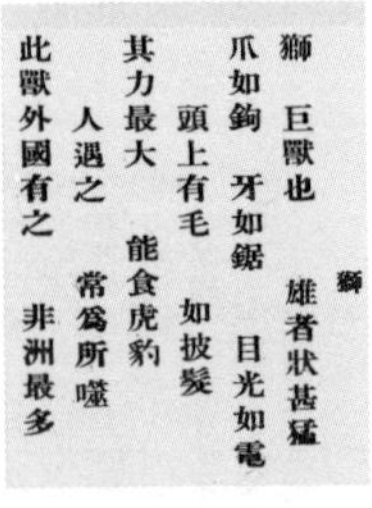
獅

獅 巨獸也 雄者狀甚猛

爪如鉤 牙如鋸 目光如電

頭上有毛 如披髮

其力最大 能食虎豹

人遇之 常爲所噬

此獸外國有之 非洲最多

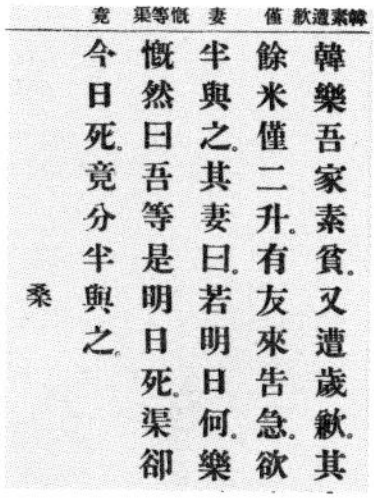
韓樂吾家素貧。又遭歲歉。其餘米僅二升。有友來告急。欲半與之。其妻曰。若明日何。樂慨然曰。吾等是明日死。渠卻今日死。竟分半與之。

桑

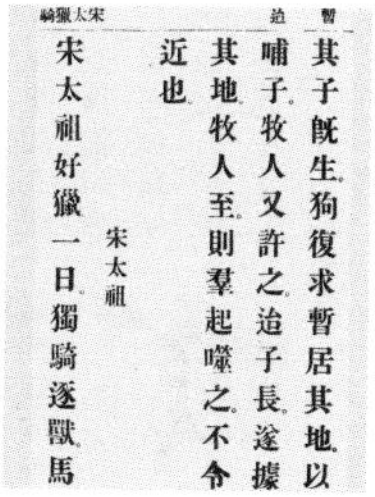
其子既生。狗復求暫居其地。以哺子。牧人又許之。迨子長。遂據其地。牧人至。則羣起噬之。不令近也。

宋太祖

宋太祖好獵。一日。獨騎逐獸。馬

職業

人之立身 須有職業 讀書者爲士 耕田者爲農 造貨物者爲工 販貨物者爲

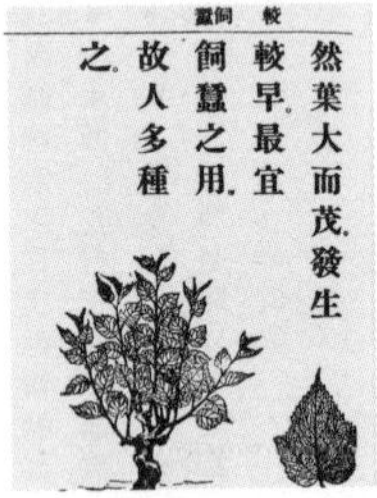
然葉大而茂。發生
較早。最宜
飼蠶之用。
故人多種
之。

蹶。墜焉。太祖大怒。拔劍欲刺
既而悔曰。我
自不慎。以取
顛困。馬又何
罪。乃舍之。
韓樂吾

得錦標。眾皆歡呼。聲如雷動。

方戲於道中，未及抱
持，惶急無措，衆爲危
之。及象至，熟
視婦子，捲以
鼻，置於路側，
竟無所傷。

牝狗將乳，
求地於牧
人以誕子，
牧人許之。

滿 今 新 授 告 讀 當 比 更 也

學堂

學堂暑假一月已滿
今日早起穿新衣
入學堂先生授我新書
告我曰汝讀此書
當比首冊更有味也

第 1 课 学堂

学堂暑假，一月已满。今日早起，穿新衣，入学堂，先生授我新书，告我曰，汝读此书，当比首册更有味也。

類　以之　鋼　鉛　其最廣

筆

筆類不一
中國以毛爲之
外國或以鋼
或以鉛
其用最廣

第 2 课　笔

笔类不一，中国以毛为之，外国或以钢、或以铅，其用最广。

今学堂有粉笔，用于黑板；有石笔，用于石板，取其便也。

於　便

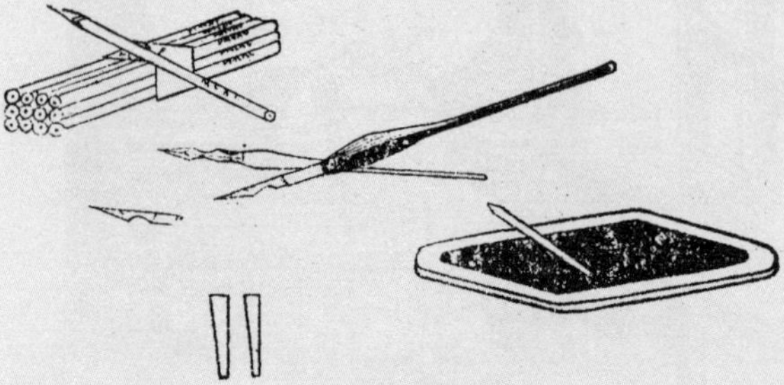

今學堂
有粉筆
用於黑版
有石筆
用於石版
取其便也

氏融 梨置盤 諸各 獨擇 故對 者

孔融

孔氏有子六人 孔融最少 年方四歲 一日 父取梨 置盤中 命諸子各取食之 孔融獨擇其小者 父問故 對曰 兒年少 當取小者

第 3 课 孔融

孔氏有子六人，孔融最少，年方四岁。一日，父取梨，置盘中，命诸子各取食之。孔融独择其小者，父问故，对曰：儿年少，当取小者。

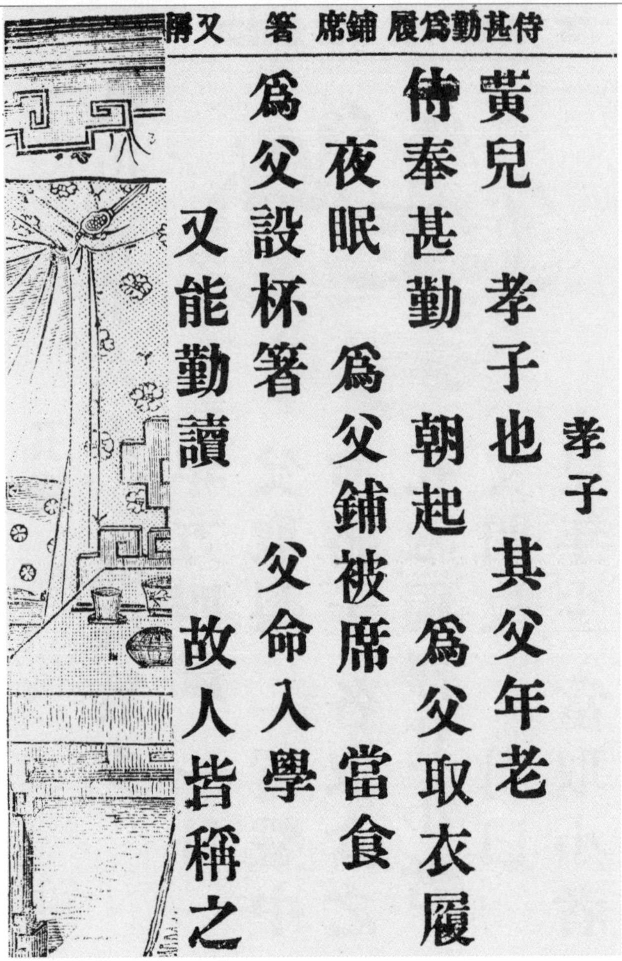
侍甚勤爲履 鋪席 箸 又稱

孝子

黃兒孝子也其父年老侍奉甚勤朝起爲父取衣履夜眠爲父鋪被席當食爲父設杯箸父命入學又能勤讀故人皆稱之

第 4 课 孝子

黄儿，孝子也。其父年老，侍奉甚勤。朝起，为父取衣履；夜眠，为父铺被席；当食，为父设杯箸。父命入学，又能勤读。故人皆称之。

曉樹 推望 霞彩未幾 聲漸

曉日

天初曉 鳥啼樹間

披衣下牀 推窗一望

東方已白 紅日上升

流霞成彩 未幾霞散

日光射入室中 鳥聲漸少

第 5 课 晓日

天初晓，鸟啼树间。披衣下床，推窗一望，东方已白。红日上升，流霞成彩；未几霞散，日光射入室中，鸟声渐少。

服所護身而舒泰

衣服

人之衣服
所以護身
我國衣服
長而大
故舒泰

第 6 课 衣服

人之衣服，所以护身。我国衣服长而大，故舒泰；外国衣服短而小，故轻便。今学堂体操，衣服短小，亦取其轻便也。

輕　體操　亦

外國衣服
短而小
故輕便

今學堂體操
衣服短小
亦取其輕便也

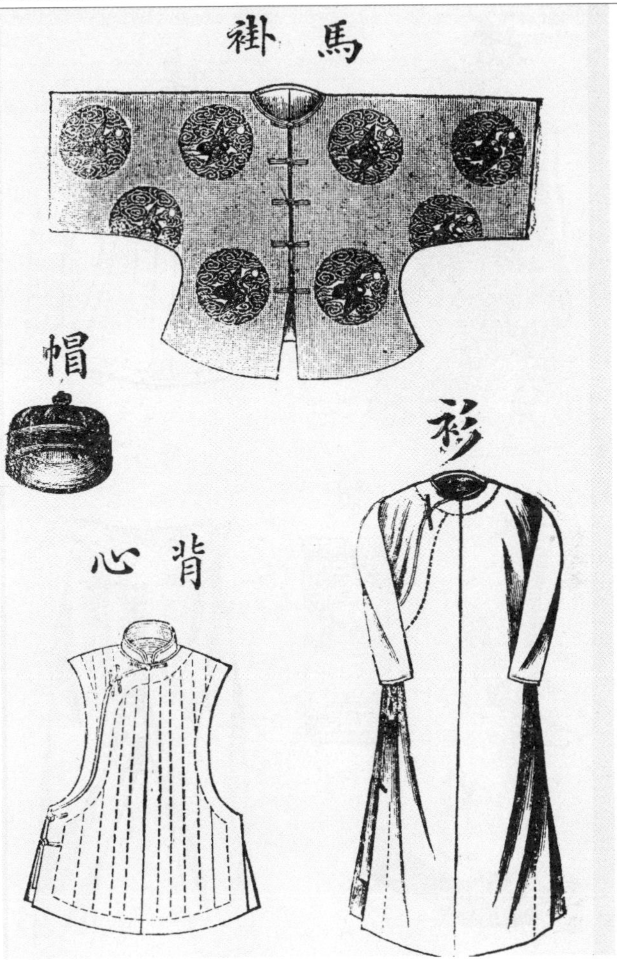

马褂、衫、帽、背心。

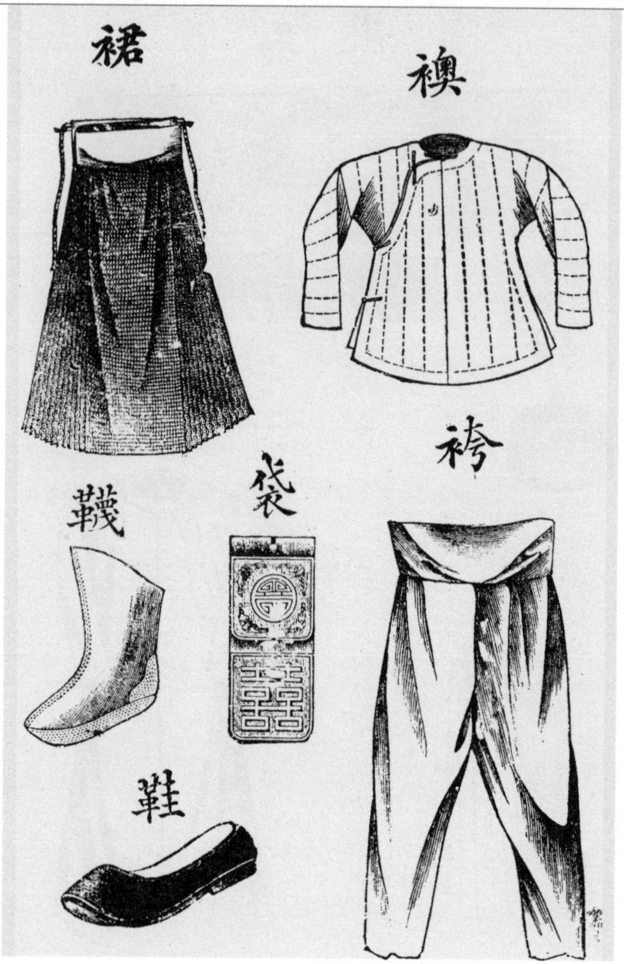

袄、裙、裤、袋、靴、鞋。

雷墨 蜻蜓羣 覓蟲 捕翼 曲

蜻蜓

雷雨之前　黑雲如墨

蜻蜓千百成羣　飛於空中

往來上下　覓小蟲食之

兒童捕其一　視之　六足四翼

身有節　能屈曲

第 7 课　蜻蜓

雷雨之前，黑云如墨。蜻蜓千百成群，飞于空中，往来上下，觅小虫食之。儿童捕其一，视之，六足四翼，身有节，能屈曲。

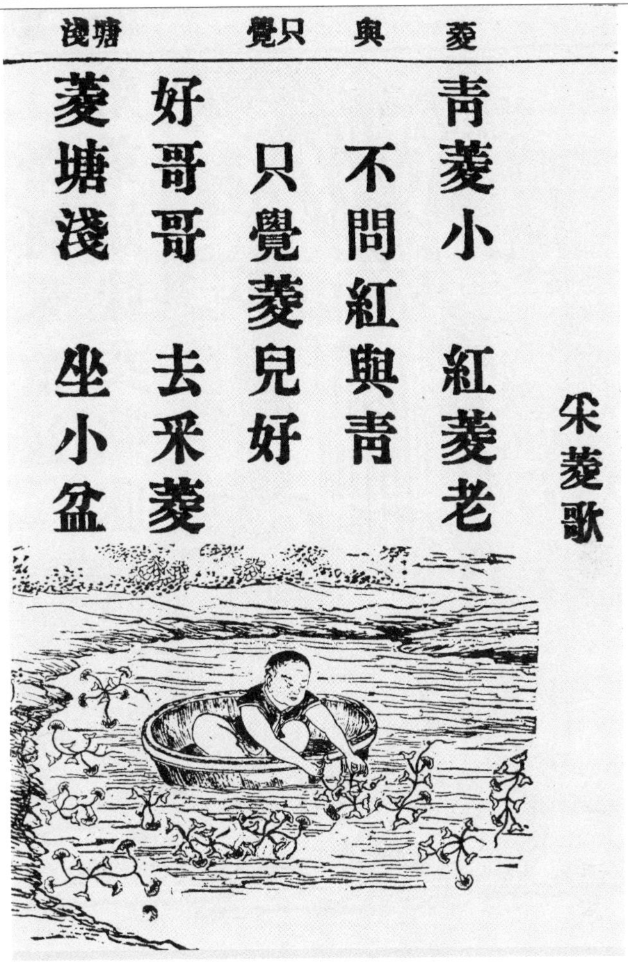
菱　與　只覺　塘淺

采菱歌

青菱小　紅菱老
不問紅與青
只覺菱兒好
好哥哥　去采菱
菱塘淺　坐小盆

第 8 课　采菱歌

青菱小，红菱老，不问红与青，只觉菱儿好。好哥哥，去采菱，菱塘浅，坐小盆。哥哥采盈盆，弟弟妹妹共欢欣。

盈　歡欣

哥哥采盈盆
弟弟妹妹共歡欣

燈 結 妄 語 燒 心 偶 盡 何 涉 信

燈花

李兒夜讀 書燈結花

告其父曰 今夜燈結花

我家當有大喜 父曰

此妄語也 火燒燈心 偶未盡

故結爲花 與人何涉

兒毋信之

第 9 课 灯花

李儿夜读，书灯结花，告其父曰，今夜灯结花，我家当有大喜。父曰，此妄语也。火烧灯心，偶未尽，故结为花，与人何涉？儿毋信之。

第 10 课 读书

飞禽走兽，饥知食，渴知饮，又能营巢穴为休息之所。其奇异者，能为人言。惟不知书，故终不如人。人不读书，则与禽兽何异！

休　奇異　惟　終　則

爲休息之所
其奇異者
能爲人言
惟不知書
故終不如人
人不讀書
則與禽獸何異

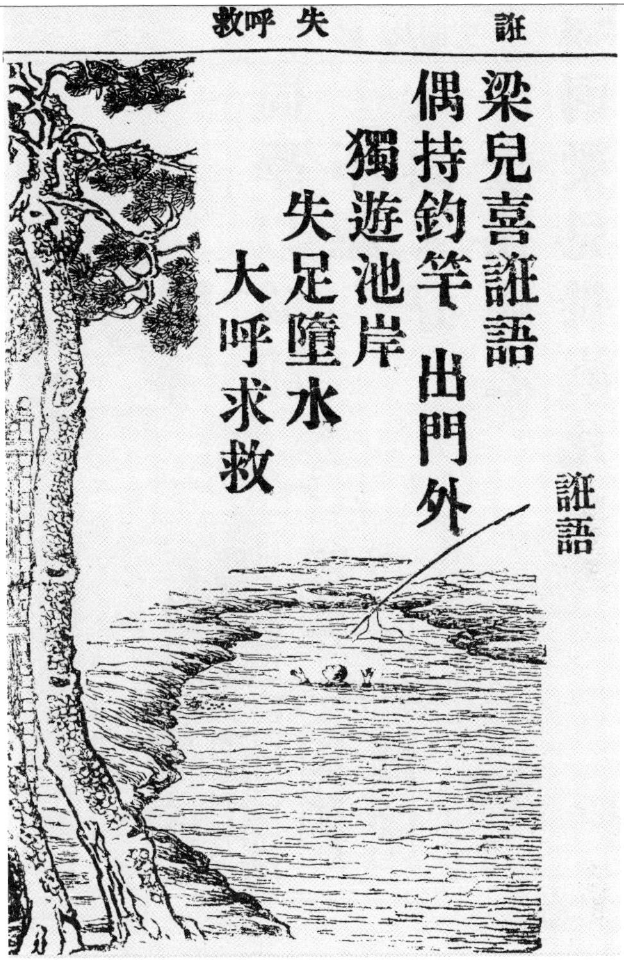

第 11 课 诳语

梁儿喜诳语，偶持钓竿，出门外，独游池岸，失足堕水，大呼求救。同学以为诳，不应；及闻哭声，急往视之，则梁儿儿溺死矣。

應 及聞哭 溺矣

同學以爲誑

不應

及聞哭聲

急往視之

則梁兒幾溺死矣∴

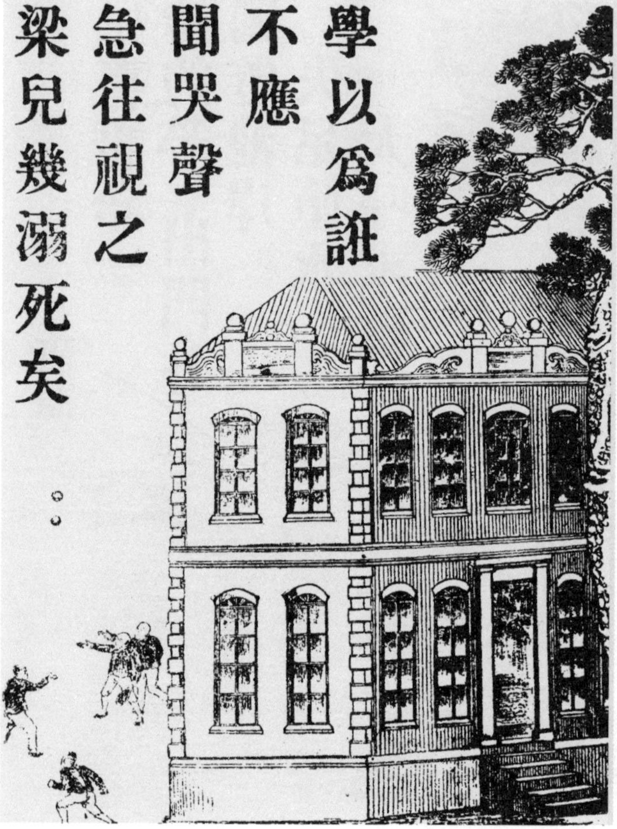

性馴　常耕　肉乳

牛

牛性馴
力甚大
我國農夫
常用以耕田
其肉與乳

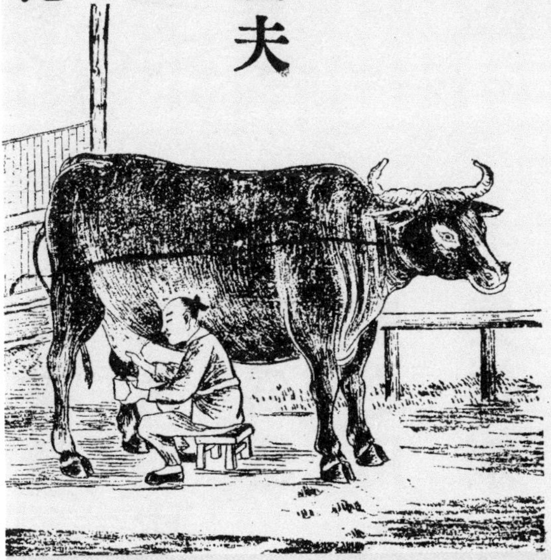

第 12 课　牛

牛性驯，力甚大，我国农夫，常用以耕田。其肉与乳，可以养身；其角与皮，可以为器。牛之用大，犬与羊、豕皆不及也。

養器

可以養身
其角與皮
可以爲器
牛之用大
犬與羊豕
皆不及也

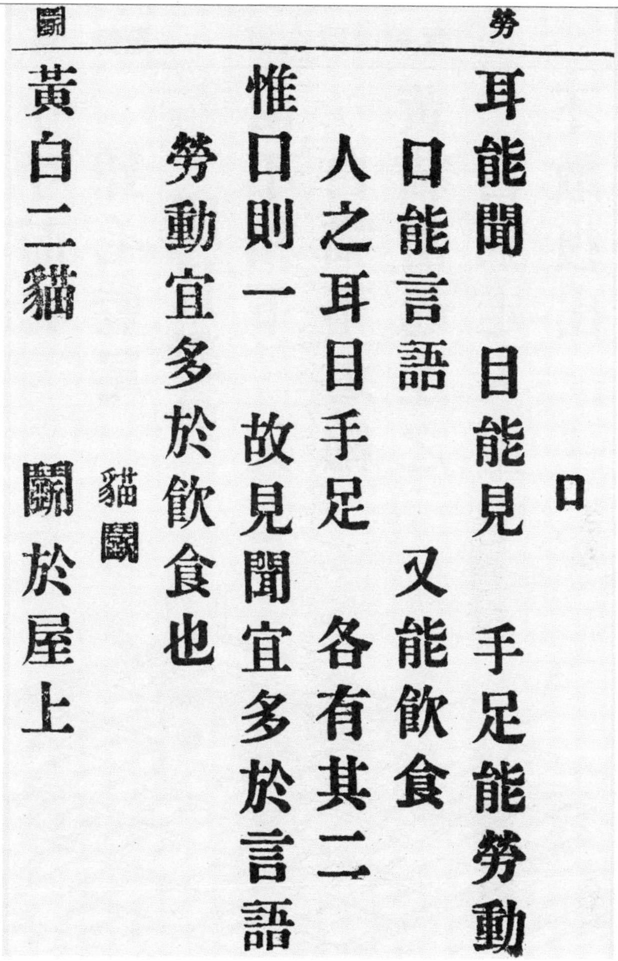
勞

口

耳能聞　目能見　手足能勞動

口能言語　又能飲食

人之耳目手足　各有其二

惟口則一　故見聞宜多於言語

勞動宜多於飲食也

貓鬭

黃白二貓　鬭於屋上

鬭

第 13 课　口

耳能闻，目能见，手足能劳动，口能言语，又能饮食。人之耳目手足，各有其二，惟口则一，故见闻宜多于言语，劳动宜多于饮食也。

鳴 聳 豎 相 久 稍 退 縮 奮

呼呼而鳴
聳毛豎尾
四目對射
兩不相下 久之
白貓稍退縮
黃貓奮起逐之
白貓走入室中
不敢復出

第 14 课 猫斗

黄白二猫，斗于屋上，呼呼而鸣，耸毛竖尾，四目对射，两不相下；久之，白猫稍退缩，黄猫奋起逐之，白猫走入室中，不敢复出。

道園碧　數　燕　雙隱　攜　顧樂

公園

道旁公園　碧草一色
楊柳數行　羣魚游池中
畫梁之上　秋燕將歸
白兔一雙　隱於假山下
童子六七人　攜手來遊
顧而樂之

第 15 课　公园

道旁公园，碧草一色，杨柳数行；群鱼游池中；画梁之上，秋燕将归；白兔一双，隐于假山下；童子六七人，携手来游，顾而乐之。

衣 易狗 怒朴 朱 若 乎

楊布

楊布衣白衣而出　天雨　易黑衣而歸　其新畜之狗　迎而吠之　楊布怒　將朴之　其兄楊朱曰　汝毋朴之　若汝狗　白而往　黑而歸　汝能無異乎

第16课　杨布

杨布衣白衣而出，天雨，易黑衣而归。其新畜之狗，迎而吠之。杨布怒，将朴之。其兄杨朱曰，汝毋朴之，若汝狗，白而往，黑而归，汝能无异乎？

張君 必隨 昂依 夾骨 落 受

馴犬

張君有犬，甚馴，每出，犬必隨之。食時，犬常昂首搖尾，依其旁。一日方食，張君以箸夾骨，呼曰立，犬起立如人，骨落，犬張口受之。

第 17 课 驯犬

张君有犬，甚驯，每出，犬必随之。食时，犬常昂首摇尾，依其旁。一日方食，张君以箸夹骨，呼曰立，犬起立如人；骨落，犬张口受之。

曠　鑼　環觀　緜

猴戲

空曠之地
鑼聲大
羣兒環觀
場中
猴一
緜羊一

第 18 课　猴戏

空旷之地，锣声大，群儿环观。场中，猴一，绵羊一。猴顶冠，披红衣，戴假面具，骑羊背，东西往来，如走马，群儿皆大笑。

頂　戴具　騎　笑

猴頂冠
披紅衣
戴假面具
騎羊背
東西往來
如走馬
羣兒皆大笑

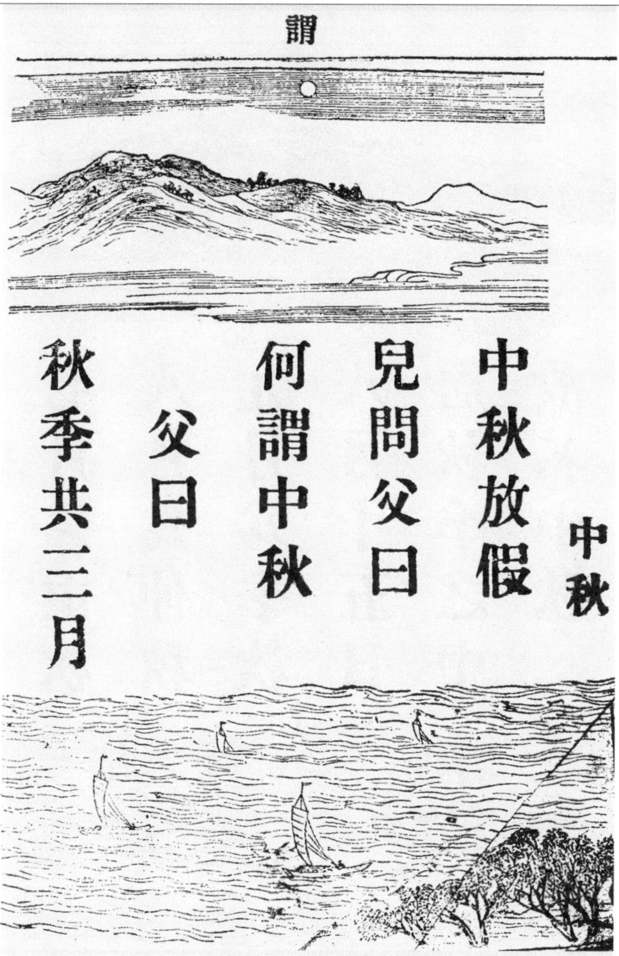
謂

中秋

中秋放假
兒問父曰
何謂中秋
父曰
秋季共三月

第 19 课 中秋

中秋放假，儿问父曰，何谓中秋？父曰：秋季共三月，七月为孟秋，八月为仲秋，九月为季秋。八月十五日，居秋季之中，故名中秋。

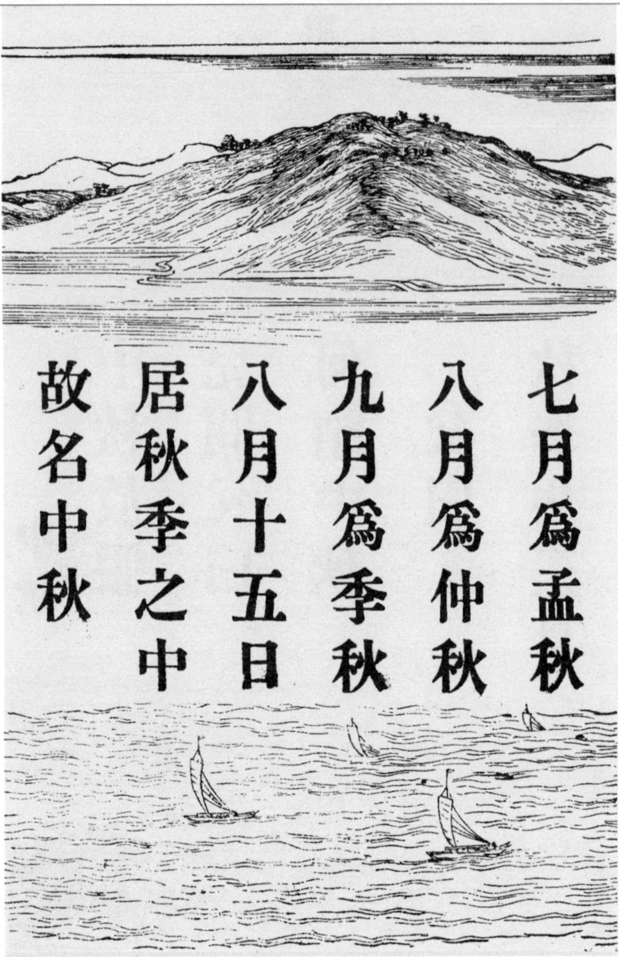

七月爲孟秋
八月爲仲秋
九月爲季秋
八月十五日
居秋季之中
故名中秋

雞 雄 頭 雌 卵 孵 雛 哺 遇 愛

雞

雞畜於家　故曰家禽　雄者善鳴　頭有高冠　雌者能生卵　孵卵成雛　每得食　必先喚其雛哺之　若遇猫犬　必盡力護之　父母愛子　無以異也

第 20 课 鸡

鸡畜于家，故曰家禽。雄者善鸣，头有高冠。雌者能生卵，孵卵成雏。每得食，必先唤其雏哺之。若遇猫犬，必尽力护之。父母爱子，无以异也。

丑寅卯辰巳午申酉戌亥

日時

一日一夜分爲十二時子丑寅卯辰巳午未申酉戌亥是也夏日長而夜短冬日短而夜長夜半爲子日中爲午午前曰上午午後曰下午

第 21 课　日时

一日一夜，分为十二时，子、丑、寅、卯、辰、巳、午、未、申、酉、戌、亥是也。夏日长而夜短，冬日短而夜长。夜半为子，日中为午。午前曰上午，午后曰下午。

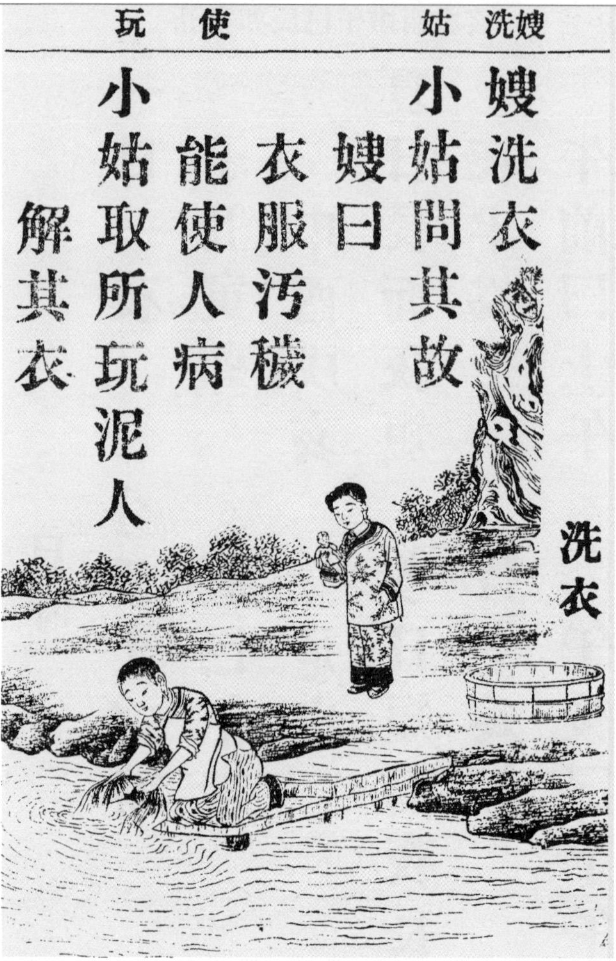

嫂洗　姑　使　玩

嫂洗衣　小姑問其故　嫂曰　衣服污穢　能使人病　小姑取所玩泥人　解其衣

洗衣

第 22 课　洗衣

嫂洗衣，小姑问其故，嫂曰，衣服污秽，能使人病。小姑取所玩泥人，解其衣，请嫂教之洗。既毕，晒竿上。嫂曰，泥人非能病者。人之衣服，久而不洗，则真能致病矣。

請　既　曬　眞　致

請嫂教之洗

既畢

曬竿上

嫂曰

泥人非能病者

人之衣服

久而不洗

則眞能致病矣

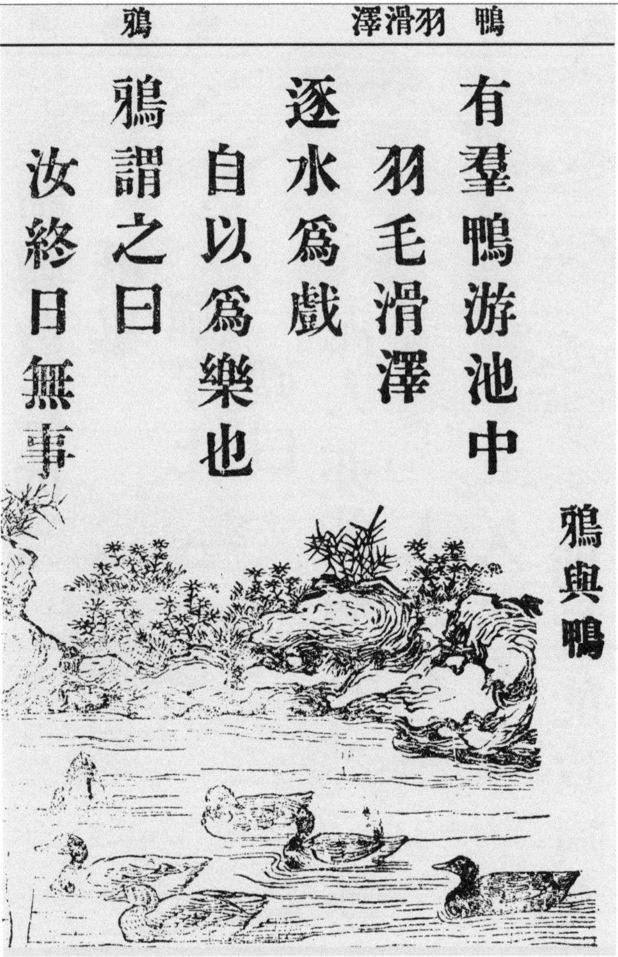
鴨　羽滑澤　　鴉

鴉與鴨

有羣鴨游池中羽毛滑澤逐水爲戲自以爲樂也鴉謂之曰汝終日無事

第 23 课 鸦与鸭

有群鸭游池中，羽毛滑泽，逐水为戏，自以为乐也。鸦谓之曰，汝终日无事，仰食于人，一旦客至，主人将烹汝以宴客，又何乐乎？

仰食於人
一旦客至
主人將烹汝
以宴客
又何樂乎

梟畏 晝物

梟

梟畏日光
晝不見物
常乘黑夜而出
其飛無聲
覓小鳥及鼠
食之

第 24 课 枭

枭畏日光，昼不见物，常乘黑夜而出。其飞无声，觅小鸟及鼠食之。小鸟恨甚，昼间遇枭于林中，必群起啄之。枭目不得见，缩首敛翼，不能与小鸟斗也。

恨　啄　斂

小鳥恨甚
晝閒遇梟於林中
必羣起啄之
梟目不得見
縮首斂翼
不能與小鳥鬭也

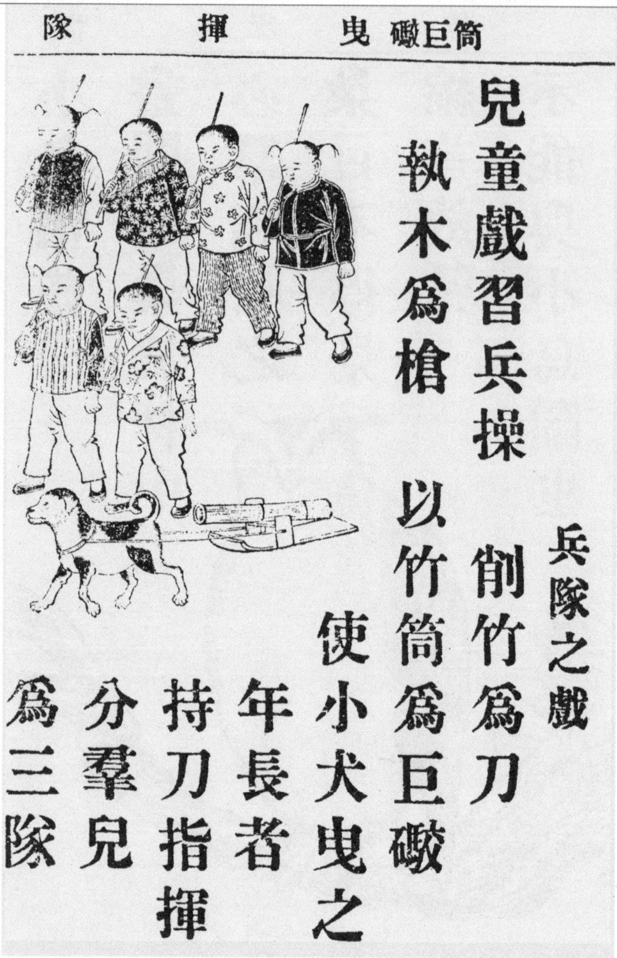

筒巨礮　曳　揮　隊

兵隊之戲

兒童戲習兵操　削竹爲刀　執木爲槍　以竹筒爲巨礮　使小犬曳之　年長者　持刀指揮　分羣兒　爲三隊

第 25 课　兵队之戏

儿童戏习兵操，削竹为刀，执木为枪，以竹筒为巨炮，使小犬曳之。年长者持刀指挥，分群儿为三队。令行则皆行，令止则皆止，行列整齐，进退有节。

進

令行則皆行

令止則皆止

行列整齊

進退有節

銜橋 幷 幸

犬銜肉

一犬銜肉，過橋上，見水中有犬，口亦銜肉，思幷得之，急置肉，躍入水中，幾溺死，幸水淺，得躍出，又登橋，其肉已失，回視水中之犬，亦不復銜肉。

第 26 课 犬衔肉

一犬衔肉，过桥上，见水中有犬，口亦衔肉，思并得之。急置肉，跃入水中，几溺死。幸水浅，得跃出，又登桥，其肉已失。回视水中之犬，亦不复衔肉。

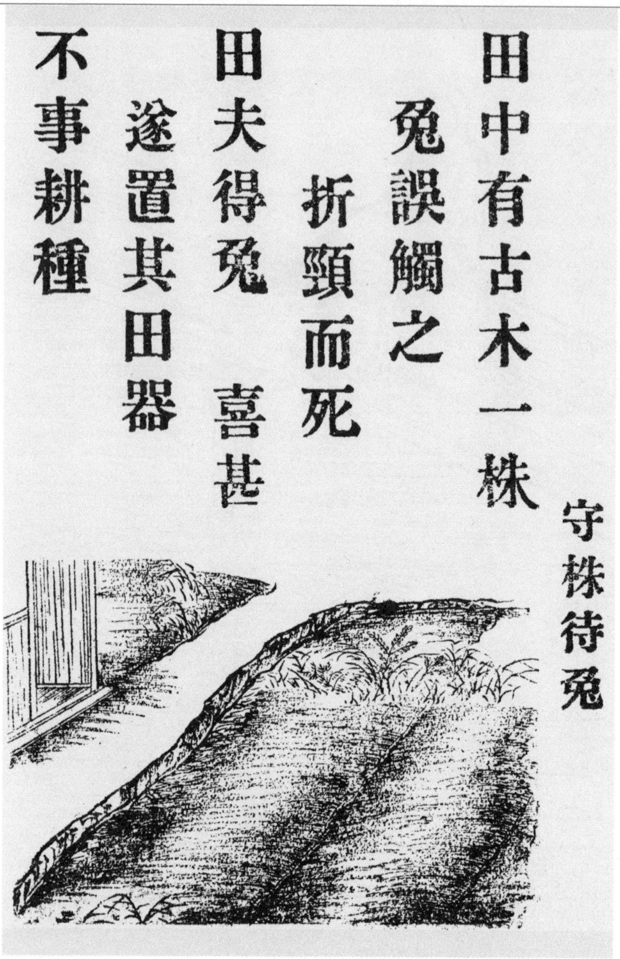
守株待兔

田中有古木一株　兔誤觸之　折頸而死　田夫得兔　喜甚　遂置其田器　不事耕種

第 27 课　守株待兔

田中有古木一株，兔误触之，折颈而死。田夫得兔，喜甚，遂置其田器，不事耕种，日守株下，冀复得兔。久之，田亩荒芜，兔终不可得，为邻人所笑。

日守株下

冀復得兎 久之。

田畝荒蕪

兎終不可得 爲鄰人所笑

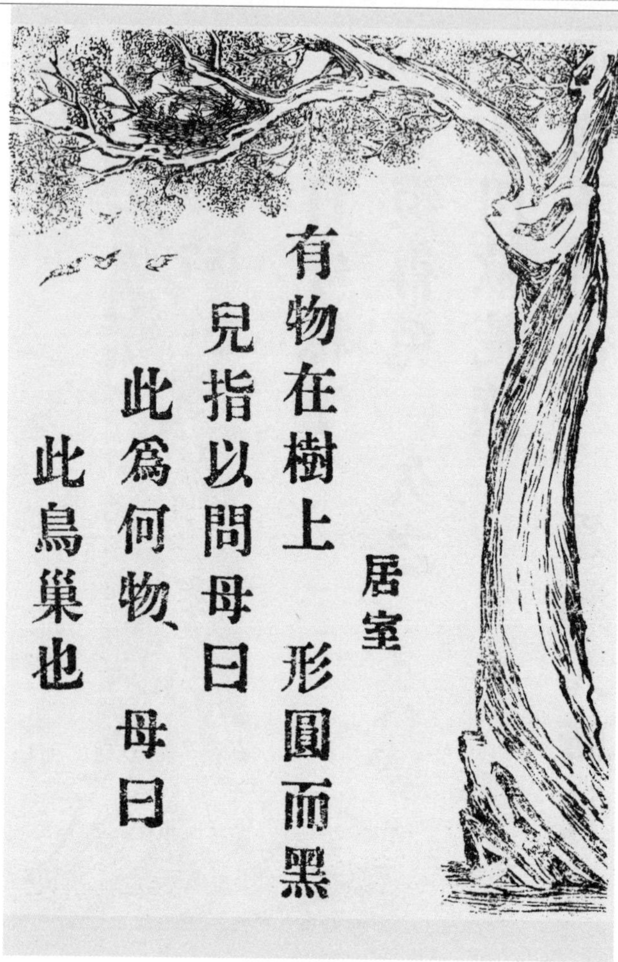

第 28 课 居室

有物在树上，形圆而黑。儿指以问母曰：此为何物？母曰：此鸟巢也，以小枝和泥为之。人之智识胜于鸟，故其居室有厅堂、有庭院、有书房、有卧室，甚完美也。

以小枝和泥爲之
人之智識勝於鳥
故其居室
有廳堂
有庭院
有書房
有卧室
甚完美也

煙囱
檻
曬臺
梯
棚

樓
街
板
廂房
廁
門

燃燭 愼灼肌膚焚懼害 熟苟 固

火

堂上燃燭　兒以紙向火爲戲
父曰　火不可戲也　偶不愼
小則灼肌膚　大則焚房舍
兒懼曰　今知火之爲害矣
父曰　燈非火不明
食非火不熟　苟得其用
火固有益於人也

第 29 课 火

堂上燃烛，儿以纸向火为戏。父曰：火不可戏也，偶不慎，小则灼肌肤，大则焚房舍。儿惧曰：今知火之为害矣。父曰：灯非火不明，食非火不熟。苟得其用，火固有益于人也。

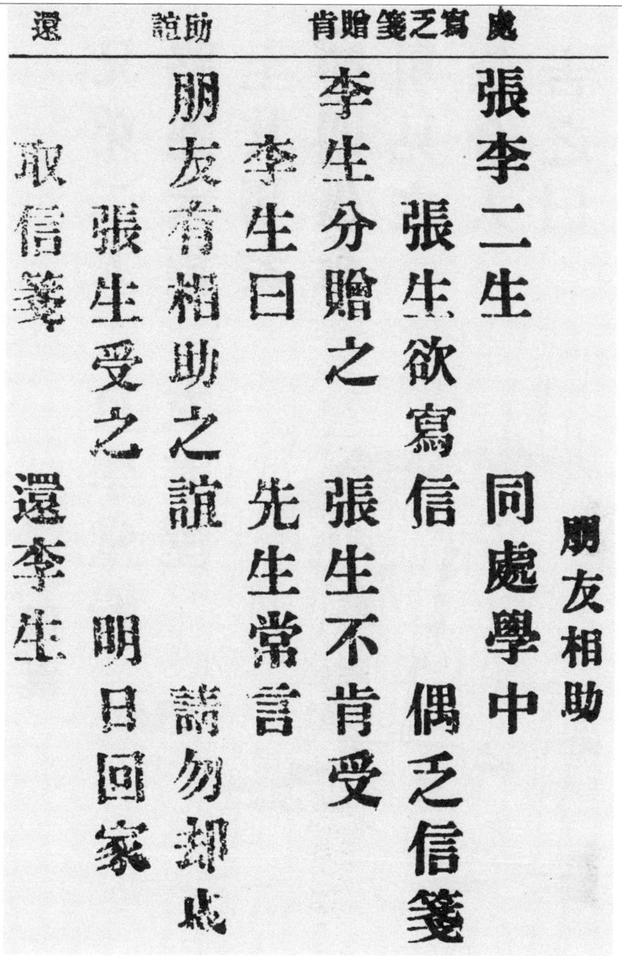
處 寫之箋贈肯 助誼 還

朋友相助

張李二生 同處學中
張生欲寫信 偶乏之信箋
李生分贈之 張生不肯受
李生曰 先生常言
朋友有相助之誼 請勿却也
張生受之 明日回家
取信箋 還李生

第 30 课 朋友相助

张、李二生，同处学中。张生欲写信，偶乏信笺，李生分赠之，张生不肯受。李生曰：先生常言，朋友有相助之谊，请勿却也。张生受之，明日回家，取信笺，还李生。

第 31 课 归家遇雨

兄弟二人，自学堂归，路遇大雨，衣尽湿。至其舅家，叩门借伞。舅见之，急令入，告之曰：湿衣在身，将生疾病。即取衣使易，并具饭，留食之。

溼衣在身
將生疾病
卽取衣使易
並具飯
留食之

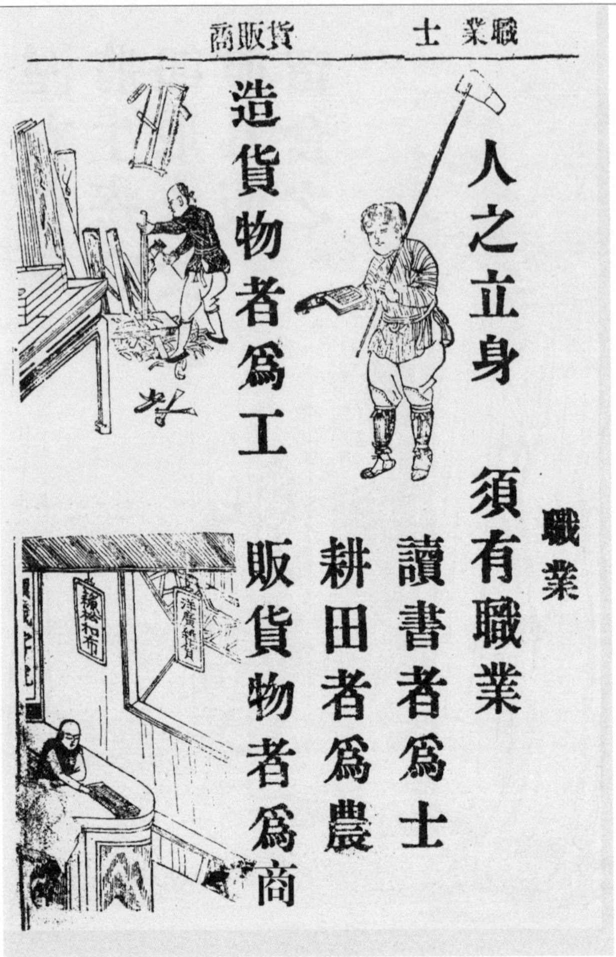

職業

人之立身 須有職業 讀書者爲士 耕田者爲農 造貨物者爲工 販貨物者爲商

第 32 课 职业

人之立身，须有职业。读书者为士，耕田者为农，造货物者为工，贩货物者为商，守护国家者为兵。士农工商，皆宜当兵；农工商兵，皆宜读书。

守護國家者爲兵
士農工商
皆宜當兵
農工商兵
皆宜讀書

懷抱憂 意調飽育 豈恩

父母之恩

人初生時　飢不能自食
寒不能自衣　父母乳哺之
懷抱之　子有疾　則父母憂之
加意調護　居不安　食不飽
諸生思之　父母育子
勞苦如此　豈可忘其恩乎

第 33 课 父母之恩

人初生时，饥不能自食，寒不能自衣。父母乳哺之，怀抱之。子有疾，则父母忧之，加意调护，居不安，食不饱。诸生思之，父母育子，劳苦如此，岂可忘其恩乎！

雪

冬日嚴寒　木葉盡脫

陰雲四布　彌滿天空

飛鴉千百成羣

未暮歸林

夜半　北風起

大雪飛　清晨

第 34 课　雪

冬日严寒，木叶尽脱，阴云四布，弥满天空，飞鸦千百成群，未暮归林。夜半，北风起，大雪飞。清晨，登楼远望，山林屋宇，一白无际，顿为银世界，真奇观也。

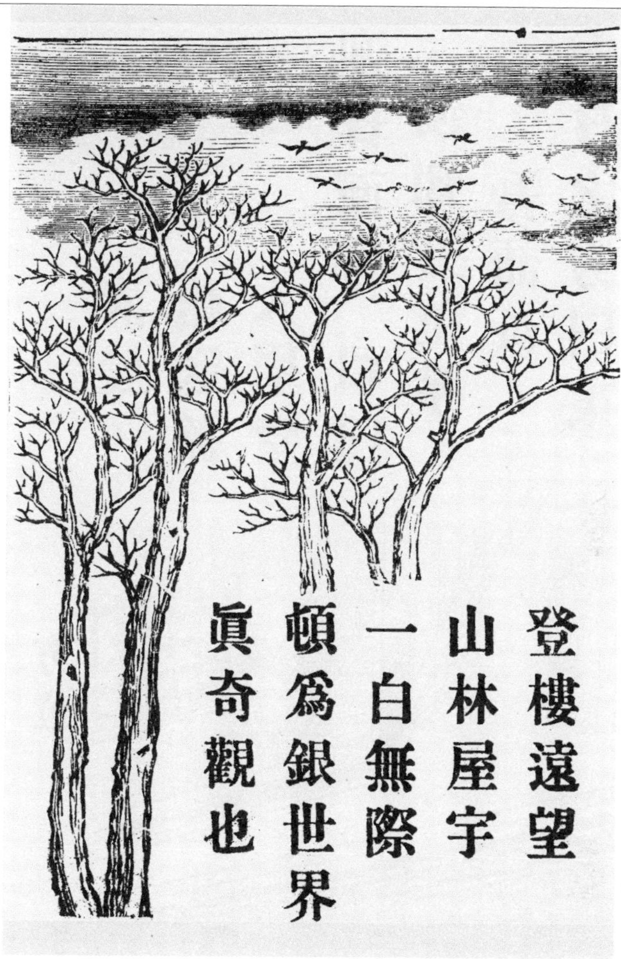

登樓遠望
山林屋宇
一白無際
頓爲銀世界
眞奇觀也

第 35 课 方位

清晨，祖送孙，入学堂，迎日而行。祖曰：汝知方位乎？吾语汝，向日之方曰东，背日之方曰西，右手曰南，左手曰北。汝试转大路，向北行，则背为南，左西而右东矣。

背日之方曰西
右手曰南
左手曰北
汝試轉大路
向北行
則背爲南
左西而右東矣

親

姊妹

姊妹二人相親愛食必同案遊必偕行一日姊病在帳中

第 36 课 姊妹

姊妹二人相亲爱，食必同案，游必偕行。一日姊病，在帐中倚枕而坐，郁郁不乐。妹忧之，欲悦其心，忽忆园梅初开，遂请于母，折一枝，插瓶中，送至卧室。姊见之，赏玩不已，乃悦。

倚　鬱　悅　憶　插　賞乃

倚枕而坐

鬱鬱不樂

妹憂之

欲悅其心

忽憶園梅初開

遂請於母　折一枝

插瓶中　送至臥室

姊見之　賞玩不已　乃悅

甫掀簾　衛掃　垢牖　愈

衛生

朱生有疾　張生視之　至臥室　甫掀簾　穢氣觸鼻　張生曰　居室不潔　非所以衛生也　每晨掃庭戶　以去塵垢　開窗牖　以通空氣　則疾病自少　朱生從之　疾漸愈

第 37 课　卫生

朱生有疾，张生视之。至卧室，甫掀帘，秽气触鼻。张生曰：居室不洁，非所以卫生也。每晨扫庭户以去尘垢，开窗牖以通空气，则疾病自少。朱生从之，疾渐愈。

街 幾

年月

兒嬉於街前 鄰婦戲問之曰
汝弟年幾歲 兒不能答
歸告其母 母曰
汝弟前年所生 去年爲二歲
今年爲三歲 一年十二月
一月三十日 汝知年月
即知汝弟之年矣

第 38 课 年月

儿嬉于街前，邻妇戏问之曰：汝弟年几岁？儿不能答，归告其母。母曰：汝弟前年所生，去年为二岁，今年为三岁，一年十二月，一月三十日，汝知年月，即知汝弟之年矣。

末 候 冰凍 暖裘

冬季

冬居四季之末 十月爲孟冬 氣候漸寒 十一月爲仲冬 十二月爲季冬 天氣更冷 北風時起 水冰地凍 棉衣不暖 故年老者多衣裘

第 39 课 冬季

冬居四季之末，十月为孟冬，气候渐寒；十一月为仲冬；十二月为季冬，天气更冷。北风时起，水冰地冻，棉衣不暖，故年老者多衣裘，又炽碳以御寒。

熾炭 禦 廚 飪 辭 傭 屑 治 且 富 僕 貧 奈

又熾碳以禦寒

烹飪

母命女入廚學烹飪女辭曰
此傭婦之事兒不屑爲也
母曰女子以治家爲職
豈有不知烹飪而能治家者乎
且家富則有僕婦
家貧將奈何汝其學之

第 40 课 烹饪

母命女入厨学烹饪，女辞曰：此佣妇之事，儿不屑为也。母曰：女子以治家为职，岂有不知烹饪而能治家者乎？且家富则有仆妇，家贫，将奈何？汝其学之。

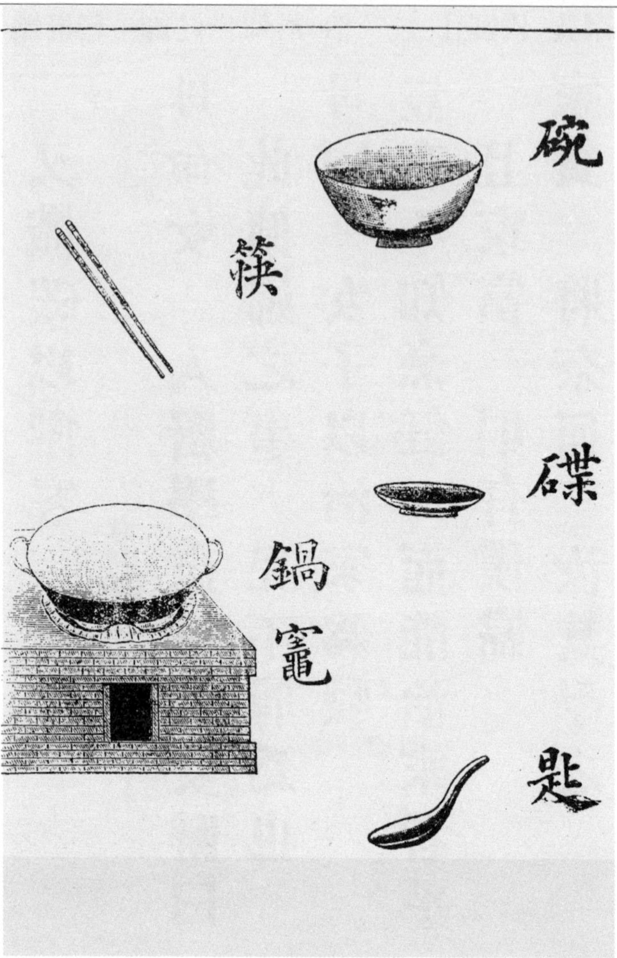

筷、碗、锅灶、碟、匙。

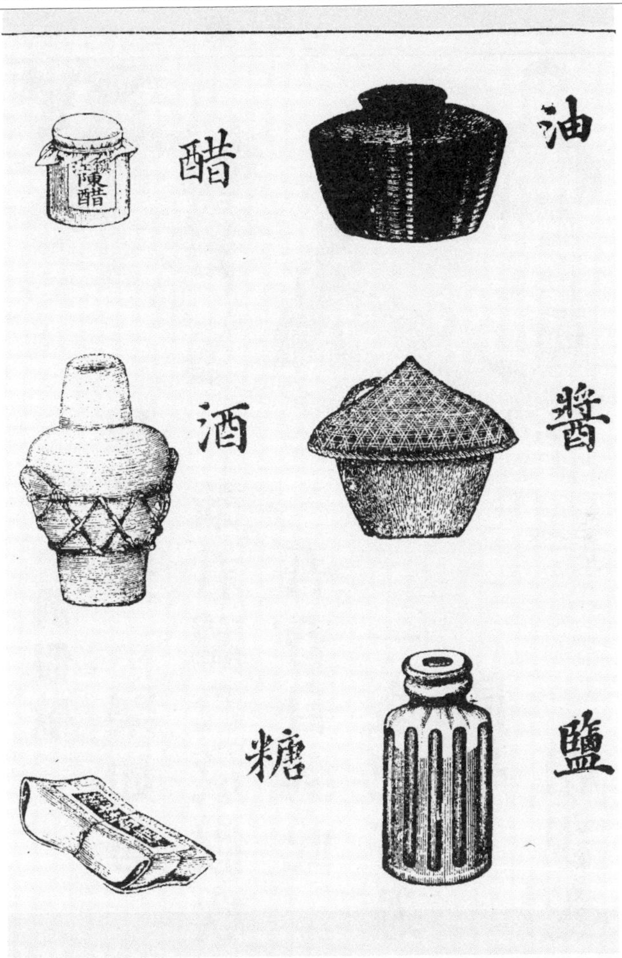

醋、油、酒、酱、糖、盐。

第 41 课 放假歌

学堂乐，乐如何？请君听我放假歌。吾曹自到此，一岁忽将过。同学相亲爱，先生勤教科。读书已二册，识字一千多。学堂乐，乐如何，请君同唱放假歌。

先生
勤教科
讀書
已二册
識字一千多
學堂樂　樂如何
請君同唱放假歌

元赴賀 樂 任弄喇叭 中 況

元旦

元旦。兄偕弟。赴叔父家賀年。聞樂聲。弟悅甚。叔父曰。汝喜之乎。吾任汝弄之。弟吹喇叭。不成聲。擊鑼鼓。又不中節。兄謂弟曰。遊戲小事。不習不能。況學問乎。

第 42 课 元旦

元旦，兄偕弟，赴叔父家贺年。闻乐声，弟悦甚。叔父曰：汝喜之乎？吾任汝弄之。弟吹喇叭，不成声；击锣鼓，又不中节。兄谓弟曰：游戏小事，不习不能，况学问乎？

叱

吉凶

有鴉集庭樹。引頸而鳴。兒叱之。父曰。是何

第 43 课 吉凶

有鸦集庭树，引颈而鸣，儿叱之。父曰：是何害？儿曰：常闻人言，鹊鸣吉，鸦鸣凶。今鸣者鸦也，故叱之。父曰：人之智识，远胜于鸟，尚不能预知吉凶，而况鸟乎？

鵲吉 凶 尚預 劉寬朝婢羹

害。兒曰。常聞人言。鵲鳴吉。鴉鳴凶。今鳴者鴉也。故叱之。父曰。人之智識。遠勝於鳥。尚不能預知吉凶。而況鳥乎。

劉寬

劉寬整衣冠。將入朝。侍婢捧羹

惶恐 遽 收 神

進。偶失手。羹汚其衣。婢惶恐。遽以手收之。寬神

第 44 课 刘宽

刘宽整衣冠，将入朝。侍婢捧羹进，偶失手，羹污其衣。婢惶恐，遽以手收之。宽神色不变，徐言曰：羹得毋烂汝手乎？

變 徐 爛 貴 蝦 蟆

色不變。徐言曰。羹得毋爛汝手乎。

多言無益

或問墨子曰。言以多爲貴乎。墨子曰。蝦蟆

第 45 课 多言无益

或问墨子曰：言以多为贵乎？墨子曰：虾蟆日夜鸣，而人厌之；雄鸡一鸣，天下振动。言在当时而已，多言何益？

厭 當　　橐駝畜餘隆驟

日夜鳴。而人厭之。雄雞一鳴。天下振動。言在當時而已。多言何益。

橐駝

橐駝。大畜也。高丈餘。其背隆然。村人不識。驟見之。大懼。已而駝

第 46 课　橐驼

橐驼，大畜也。高丈余，其背隆然。村人不识，骤见之，大惧。已而驼来徐徐，于人无忤，始敢近之。久而知其无能为也，加以羁勒，令童子牧之。

來徐徐。於人無忤。始敢近之。久而知其無能爲也。加以羈勒。令童子牧之。

傅好迪義 雖 郊 宛 疑愕鶯躡

傅迪

傅迪好多讀書。而不解其義。其友劉柳語之曰。君讀書雖多。而無所解。直書簏耳。果何益也。傅迪大慚。無以對。

黃鶯

兄弟二人。同遊郊外。忽聞有聲。宛轉如歌曲。四顧無人。聲出樹間。弟疑愕。兄曰。此黃鶯也。弟躡

第 47 课 傅迪

傅迪好多读书，而不解其义。其友刘柳语之曰：君读书虽多，而无所解，直书簏耳，果何益也？傅迪大惭，无以对。

投
足至樹下。拾石投之。鶯驚去。兄
曰。弟意欲
得鶯乎。
投石而
得之。則
死鶯也。

第 48 课 黄莺

兄弟二人，同游郊外。忽闻有声，宛转如歌曲。四顾无人，声出树间，弟疑愕。兄曰：此黄莺也。弟蹑足至树下，拾石投之，莺惊去。兄曰：弟意欲得莺乎？投石而得之，则死莺也，将何用？

蕭遙 彈弦墜 端殘

將何用。

蕭遙欣

蕭遙欣年七歲。出遊時。見一小兒。善彈飛鳥。應弦墜落。遙欣曰。鳥飛空中。無害於人。遊戲之事。亦多端矣。何必多殘生命以爲

第 49 课 萧遥欣

萧遥欣年七岁，出游时，见一小儿，善弹飞鸟，应弦坠落。遥欣曰：鸟飞空中，无害于人。游戏之事，亦多端矣，何必多残生命以为乐也？小儿感其言，遂不复弹。

樂也。小兒感其言。遂不復彈

周妝飾　誨論　裁縫織　麗都　炫耀

妝飾

周氏之女。好妝飾。不事女工。母誨之曰。人生於世。無論男女。皆貴自立。今裁縫紡織。汝皆不能。是無用之人也。雖衣服麗都。妝飾炫耀。有識者且輕汝矣。

第 50 课　妆饰

周氏之女，好妆饰，不事女工。母诲之曰：人生于世，无论男女，皆贵自立。今裁缝纺织，汝皆不能，是无用之人也。虽衣服丽都，妆饰炫耀，有识者且轻汝矣。

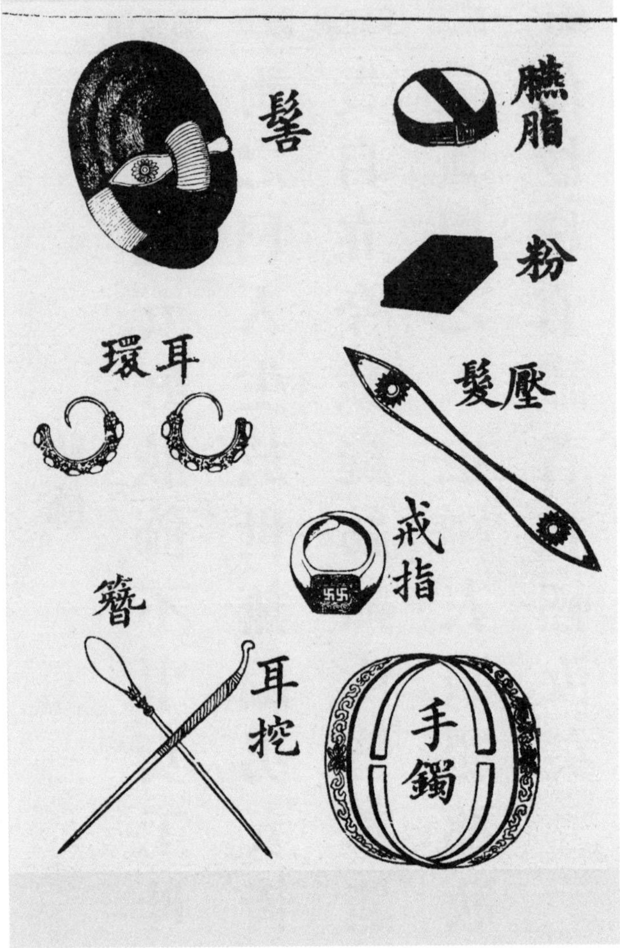

髻、胭脂、耳环、粉、压发、簪、戒指、耳挖、手镯。

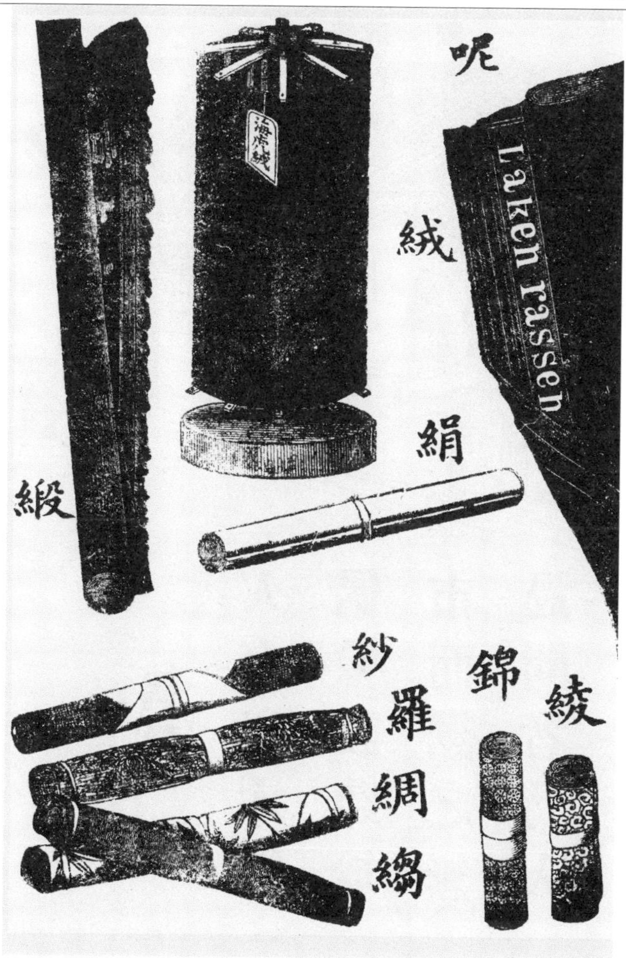

缎、呢、绒、绢、纱、锦、绫、罗、绸、绉。

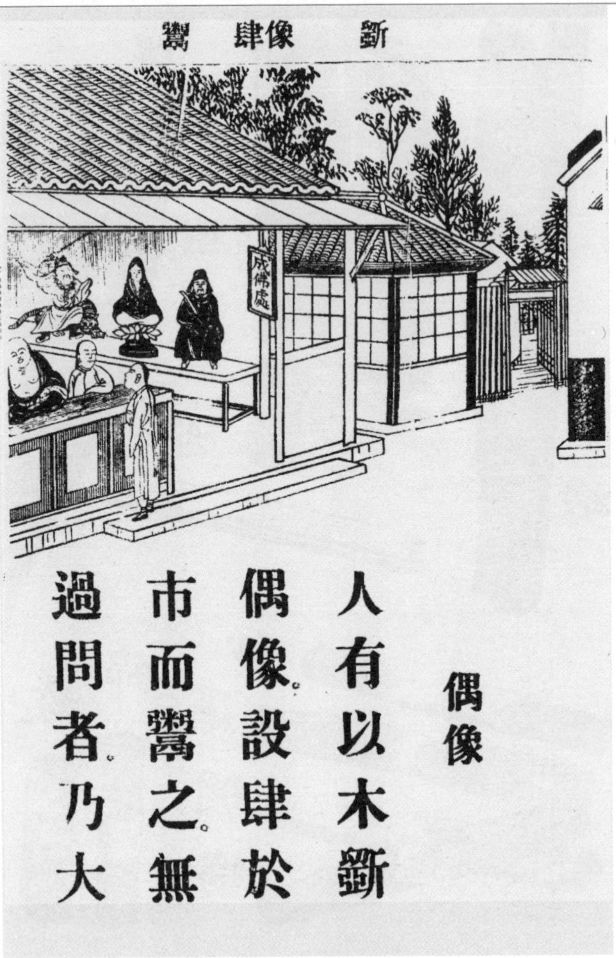
斲像肆鬻

偶像

人有以木斲偶像。設肆於市而鬻之。無過問者。乃大

第 51 课 偶像

人有以木斫偶像，设肆于市而鬻之。无过问者，乃大呼曰：购像者当得巨富。市人曰：君胡为不留之，以自富其家？斫人辞穷。

購　胡　竊　　馮　壁

呼曰。購像者當得巨富。市人曰。君胡爲不留之、以自富其家。竊人辭窮。

擊毬

馮兒善擊毬。百不失一。高下進退。惟意所欲。又能以毬向壁橫

第 52 课　击球

冯儿善击球，百不失一，高下进退，惟意所欲。又能以球向壁横击之，亦不坠落。群儿皆羡之，叩其术。冯儿曰：是在习熟而已，岂有他哉！

羨術哉

擊之。亦不墜落。羣兒皆羨之。叩其術。馮兒曰。是在習熟而已。豈有他哉。

茶

茶生山中仲春發芽。採而焙之。紅者味濃綠者味清。可以解渴。故人皆喜之。我國南方。產茶最多。獲利

第 53 课 茶

茶生山中，仲春发芽。采而焙之，红者味浓，绿者味清。可以解渴，故人皆喜之。我国南方，产茶最多，获利亦厚。若种植焙制之法，更求精良，则所得尤厚矣。

獲利厚植製法精尤　頗繁　麓濱　蒼幹

亦厚。若種植焙製之法。更求精良。則所得尤厚矣。

松

松。大樹也。隨地生長。頗易繁茂。山麓海濱。無不宜松。葉狀如針。蒼翠之色。四時不變。其幹長而

第 54 课　松

松，大树也。随地生长，颇易繁茂，山麓海滨，无不宜松。叶状如针，苍翠之色，四时不变。其干长而巨，不易朽腐，故房屋桥梁器具之属，多以松木为之。

朽腐　屬

巨。不易朽腐。故房屋橋樑器具之屬。多以松木爲之。

牝 誕 許

牝狗

牝狗將乳。求地於牧人。以誕子。牧人許之。

第 55 课 牝狗

牝狗将乳，求地于牧人，以诞子，牧人许之。其子既生，狗复求暂居其地，以哺子，牧人又许之。迨子长，遂据其地。牧人至，则群起噬之，不令近也。

暫　迨　　宋太獵騎

其子既生。狗復求暫居其地。以哺子。牧人又許之。迨子長。遂據其地。牧人至。則羣起噬之。不令近也。

宋太祖

宋太祖好獵。一日。獨騎逐獸。馬

第 56 课　宋太祖

宋太祖好猎。一日，独骑逐兽，马蹶，坠焉。太祖大怒，拔剑欲刺马，既而悔曰：我自不慎，以取颠困，马又何罪。乃舍之。

蹶焉劍刺　悔　顛困　罪舍

蹶。墜焉。太祖大怒。拔劍欲刺馬。既而悔曰。我自不慎。以取顛困。馬又何罪。乃舍之。

韓樂吾

韓素遭歉 僅 妻 慨等渠 竟

韓樂吾家素貧。又遭歲歉。其家餘米僅二升。有友來告急。欲分半與之。其妻曰。若明日何。樂吾慨然曰。吾等是明日死。渠卻是今日死。竟分半與之。

桑

第 57 课 韩乐吾

韩乐吾家素贫，又遭岁歉，其家余米仅二升。有友来告急，欲分半与之。其妻曰：若明日何？乐吾慨然曰：吾等是明日死，渠却是今日死。竟分半与之。

密萎　更

桑有二種。曰野桑。曰家桑。野桑幹高枝密。不易枯萎。家桑短小。經十餘年。必更植之。

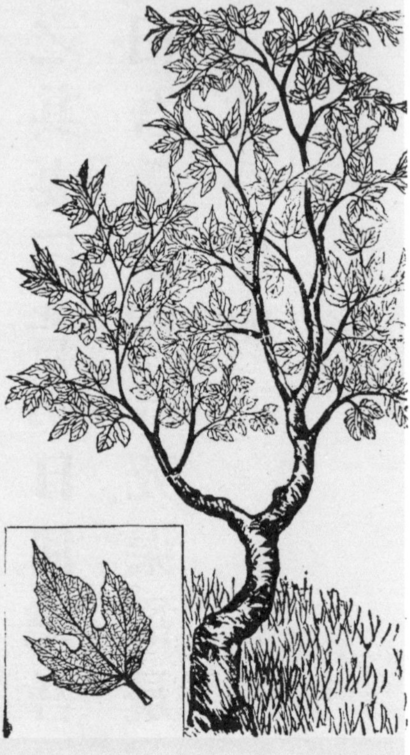

第 58 课 桑

桑有二种，曰野桑，曰家桑。野桑干高枝密，不易枯萎；家桑短小，经十余年，必更植之。然叶大而茂，发生较早，最宜饲蚕之用，故人多种之。

然葉大而茂。發生較早。最宜飼蠶之用。故人多種之。

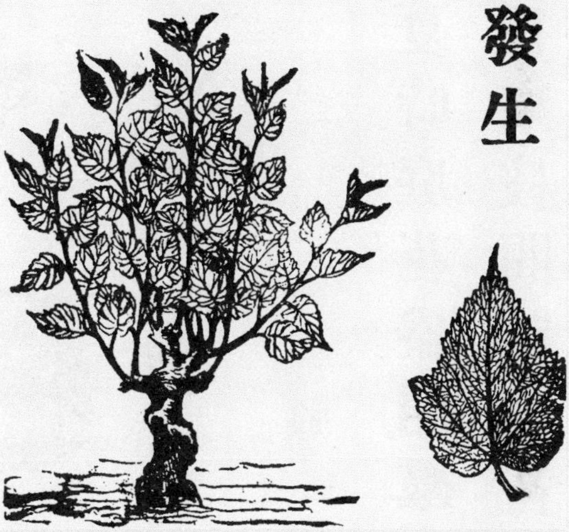

蜂

蜂

春夏時。庭花盛開。羣蜂往來枝間。狀忙甚。

第 59 课 蜂

春夏时，庭花盛开，群蜂往来枝间，状忙甚。须臾，飞集花心，敛翼缩足，吸取甜汁，归以酿蜜。蜜成，满蜂房，储为冬令之粮。故霜雪既降，百花皆残，群蜂安居房中，无缺食之患。

臾吸甜汁釀蜜儲糧患

須臾。飛集花心。斂翼縮足。吸取甜汁。歸以釀蜜。蜜成。滿蜂房。儲爲冬令之糧。故霜雪既降。百花皆殘。羣蜂安居房中。無缺食之患。

蝴蝶

蝴蝶　臨　展　撲　翅毒　傷

蝴蝶止於花上。臨風展翼。美麗悅目。妹喜。欲撲而取之。姊曰。蝴蝶之翅。有粉甚毒。能傷目。口鼻吸之。爲害尤大。愼勿撲也。妹從之。

第 60 课　蝴蝶

蝴蝶止于花上，临风展翼，美丽悦目。妹喜，欲扑而取之。姊曰：蝴蝶之翅，有粉甚毒，能伤目，口鼻吸之，为害尤大，慎勿扑也。妹从之。

潘　煙　喉　咳　嗽　涕　泗　怪

潘兒戲吸煙。喜甚。既而煙氣觸喉。咳嗽不已。涕泗交流。母怪問之。兒具以告。母

煙

第 61 课 烟

潘儿戏吸烟，喜甚。既而烟气触喉，咳嗽不已，涕泗交流。母怪问之，儿具以告。母曰：烟有毒，能阻身体之发育，非童子所宜也，儿其戒之。

阻　里娶沈筵享賓酒巡舉屢勸

曰。煙有毒。能阻身體之發育。非童子所宜也。兒其戒之。

酒

里中有娶婦者。沈兒往賀。及夕。設筵享客。主賓既坐。酒數巡。沈兒獨不舉杯。主人屢勸之。兒曰。

第 62 课　酒

里中有娶妇者，沈儿往贺。及夕，设筵享客。主宾既坐，酒数巡，沈儿独不举杯，主人屡劝之。儿曰：吾父常言，酒能伤脑，于儿童尤甚，故不敢饮。众皆称善。

腦 衆

吾父常言。酒能傷腦。於兒童尤甚。故不敢飲。衆皆稱善。

廖 索 餐 充 恣 啖 胃 滯 餅 餌

多食之害

廖兒非時索食。母不許。曰。一日三餐。皆有定時。足以充飢。若恣口腹之欲。飲啖無節。則胃中多積滯。非養身之道也。故餅餌之屬。偶食無傷。豈可以爲常乎。

第 63 课　多食之害

廖儿非时索食，母不许，曰：一日三餐，皆有定时，足以充饥。若恣口腹之欲，饮啖无节，则胃中多积滞，非养身之道也。故饼饵之属，偶食无伤，岂可以为常乎？

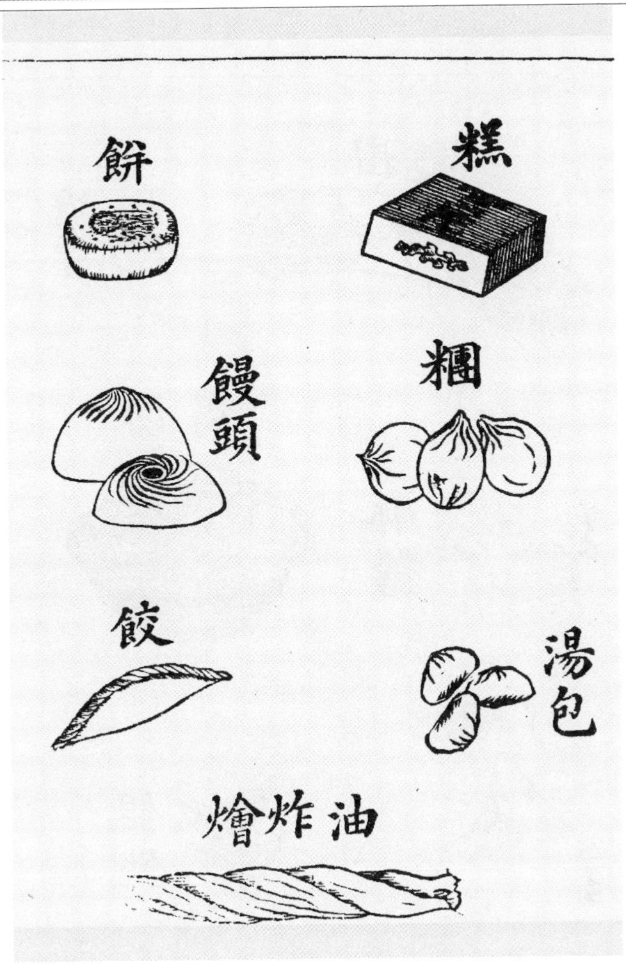

糕、团、汤包、饼、馒头、饺、油炸烩。

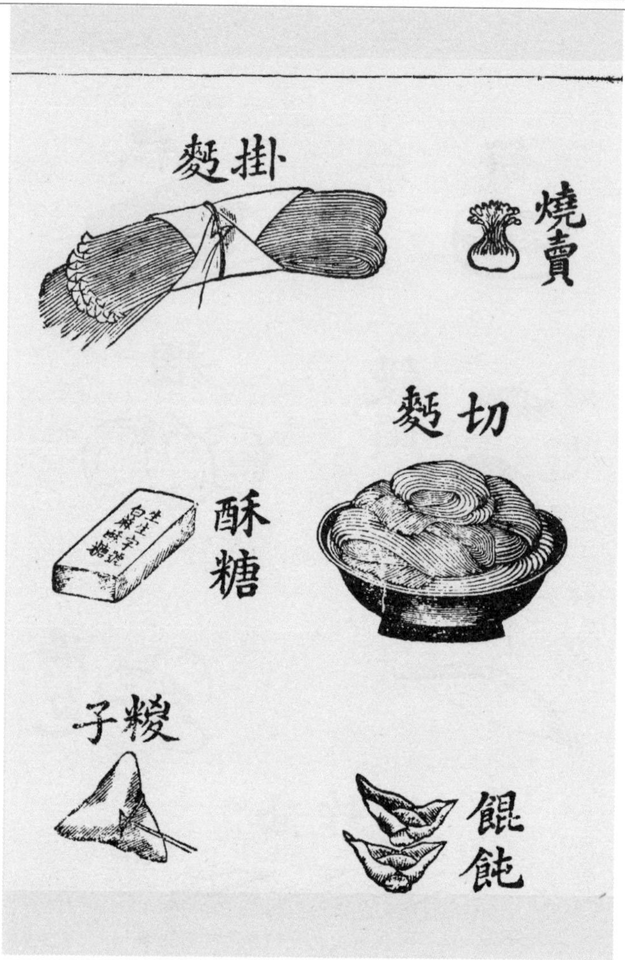

烧卖、切面、馄饨、挂面、酥糖、粽子。

邴原 遺 繫

邴原

邴原行路。得遺錢。拾之以繫樹枝。久之。繫錢者愈多。原問之。答曰。此樹有神。故以

第 64 课 邴原

邴原行路，得遗钱，拾之以系树枝。久之，系钱者愈多，原问之，答曰：此树有神，故以钱系之。原乃言其故，里人遂敛其钱，以周穷乏。

蚌曝鷸　拑喙

錢繫之。原乃言其故里人遂斂其錢。以周窮乏。

鷸蚌相爭

蚌方出曝。鷸啄其肉。蚌合而拑其喙。

第 65 课　鹬蚌相争

蚌方出曝，鹬啄其肉，蚌合而钳其喙。鹬曰：今日不雨，明日不雨，即有死蚌。蚌亦语鹬曰：今日不出，明日不出，即有死鹬。两者不肯相舍，渔夫见而并擒之。

漁擒

鷸曰。今日不雨。明日不雨。即有死蚌。蚌亦語鷸曰。今日不出。明日不出。即有死鷸。兩者不肯相舍。漁夫見而并擒之。

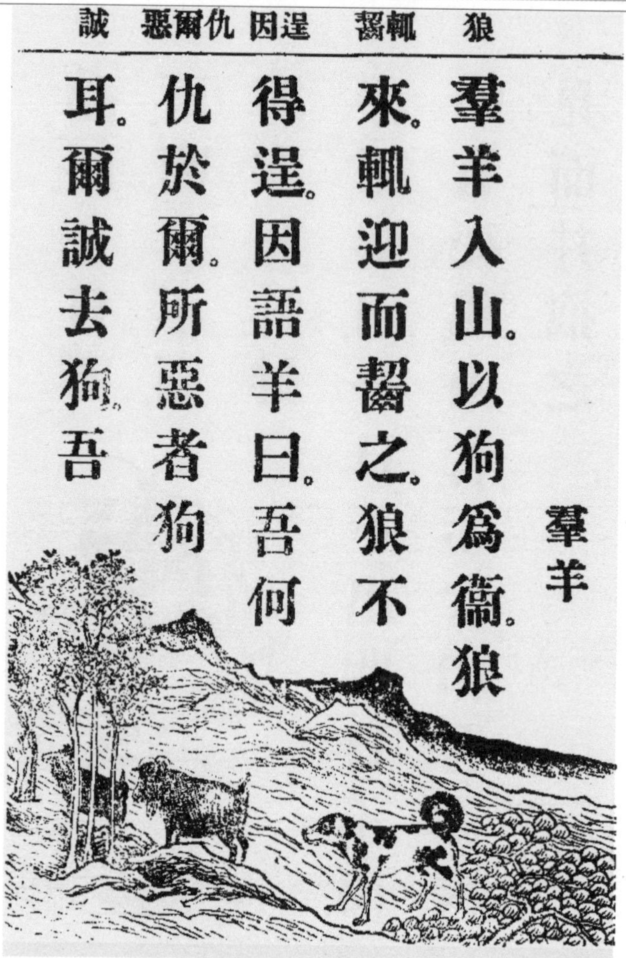
狼 輒 齧 逞 因 仇 爾 惡 誠

羣羊

羣羊入山。以狗爲衞。狼來。輒迎而齧之。狼不得逞。因語羊曰。吾何仇於爾。所惡者狗耳。爾誠去狗。吾

第 66 课 群羊

群羊入山，以狗为卫。狼来，辄迎而啮之。狼不得逞，因语羊曰：吾何仇于尔，所恶者狗耳。尔诚去狗，吾誓不伤尔也。羊悦，谢狗。狗去，狼食羊。

誓　謝

誓不傷爾也。羊悅。謝狗。狗去。狼食羊。

瘦　銳錐　敵　吭號震巖谷懾

狼

狼。形似犬而長瘦。目光爛爛。牙
銳如錐。性凶猛。能食他獸。雖牛
馬之大。不能敵之。夜深。狼出覓
食。往來村野間引吭長號。聲震
巖谷。羣獸懾懼縮頸莫敢動。

第 67 课 狼

狼，形似犬而长瘦，目光烂烂，牙锐如锥。性凶猛，能食他兽；虽牛马之大，不能敌之。夜深，狼出觅食，往来村野间，引吭长号，声震岩谷。群兽慑惧，缩颈莫敢动。

杞崩寄 廢寢 處

杞人憂天

杞國有人。憂天崩墜。身無所寄。因廢寢食。客往曉之。曰。天積氣耳。無處無氣。汝行動呼吸。終日在積氣之中。何憂崩墜耶。杞人乃悟。

第 68 课 杞人忧天

杞国有人，忧天崩坠，身无所寄，因废寝食。客往晓之，曰：天，积气耳；无处无气，汝行动呼吸，终日在积气之中，何忧崩坠耶？杞人乃悟。

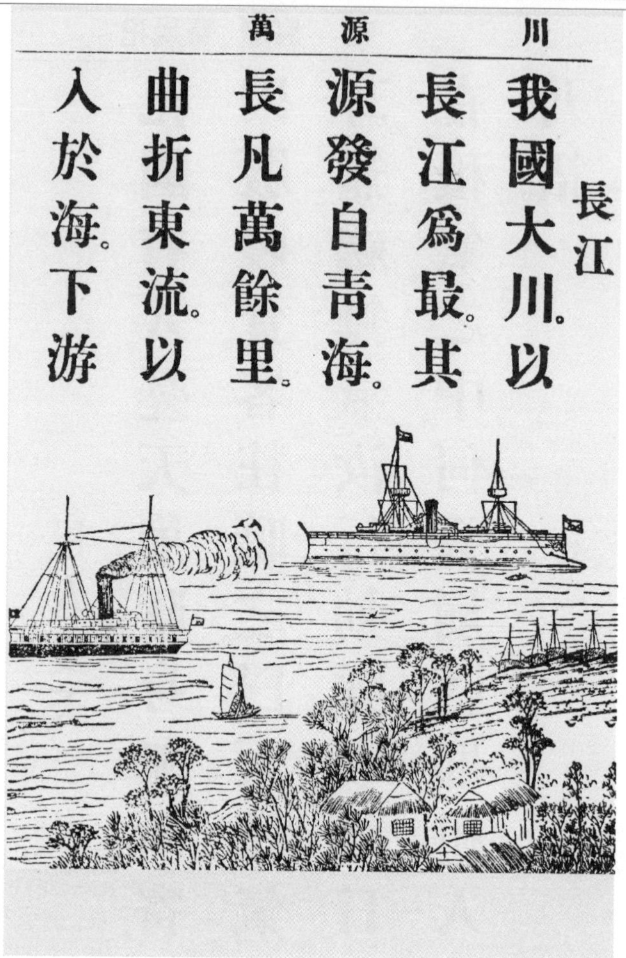
川 源 萬

長江

我國大川。以長江爲最。其源發自青海。長凡萬餘里。曲折東流。以入於海。下游

第 69 课 长江

我国大川，以长江为最。其源发自青海，长凡万余里。曲折东流，以入于海。下游江面宽广，可以航巨舰；港汊交错，可以资灌溉。故大江南北，物产丰盛，贸易繁兴，诚我国最富饶之区也。

航艦港汊錯資灌豐貿興饒區

江面寬廣。可以航巨艦。港汊交錯。可以資灌溉。故大江南北。物產豐盛。貿易繁興。誠我國最富饒之區也。

董 嗜 修 己 號 繡 喻 實 塞

繡花枕

董生性不嗜學。日事修飾見他人衣服有勝己者輒歸求諸母。必得之而後已。入學數年。業無所進。同學皆非笑之。號爲繡花枕。喻其外觀雖美。而中實茅塞也。

第 70 课　绣花枕

董生性不嗜学，日事修饰，见他人衣服有胜己者，辄归求诸母，必得之而后已。入学数年，业无所进，同学皆非笑之，号为绣花枕，喻其外观虽美，而中实茅塞也。

孰　賤　幣　價廉　什需

鐵

父問兒曰。金屬之中。孰爲貴。孰爲賤。兒曰。金最貴。銀次之。鐵爲下。父曰。金銀雖貴。僅用爲錢幣、及妝飾耳。鐵價廉而用廣。家居；之什物。農工之器具。需鐵最多。故無金銀。爲害猶小。無鐵。則百業皆廢矣。

第 71 课 铁

父问儿曰：金属之中，孰为贵，孰为贱？儿曰：金最贵，银次之，铁为下。父曰：金银虽贵，仅用为钱币及妆饰耳；铁价廉而用广，家居之什物，农工之器具，需铁最多。故无金银，为害犹小；无铁，则百业皆废矣。

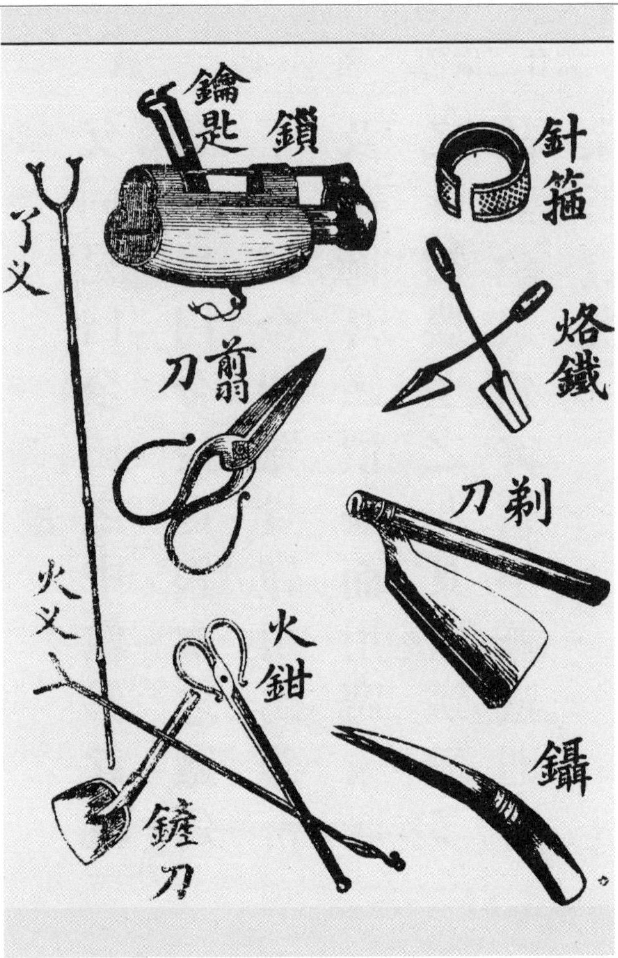

丫叉、钥匙、锁、针箍、剪刀、烙铁、火叉、火钳、剃刀、铲刀、镊。

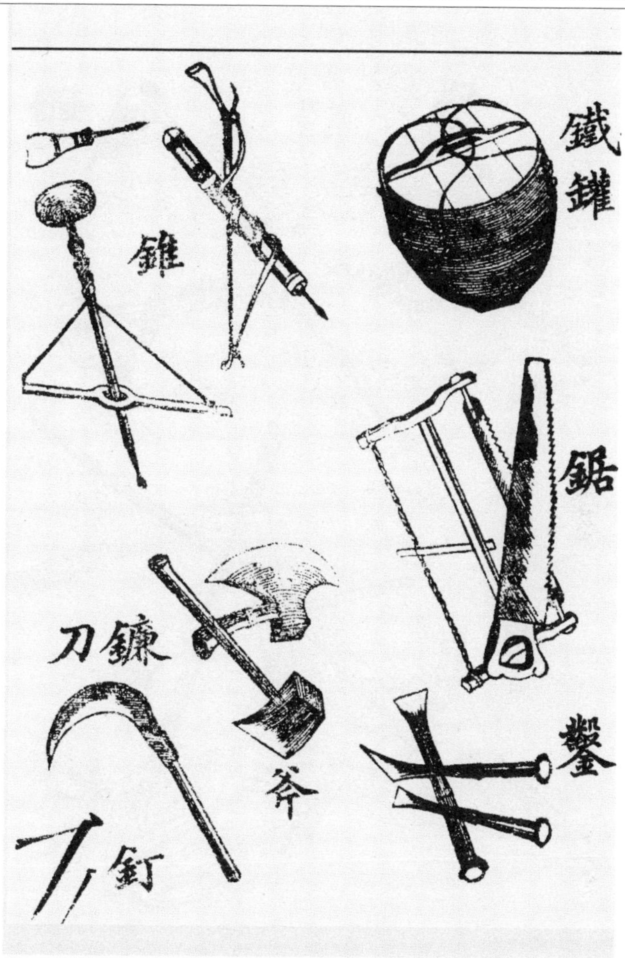

锥、铁罐、镰刀、斧、锯、钉、凿。

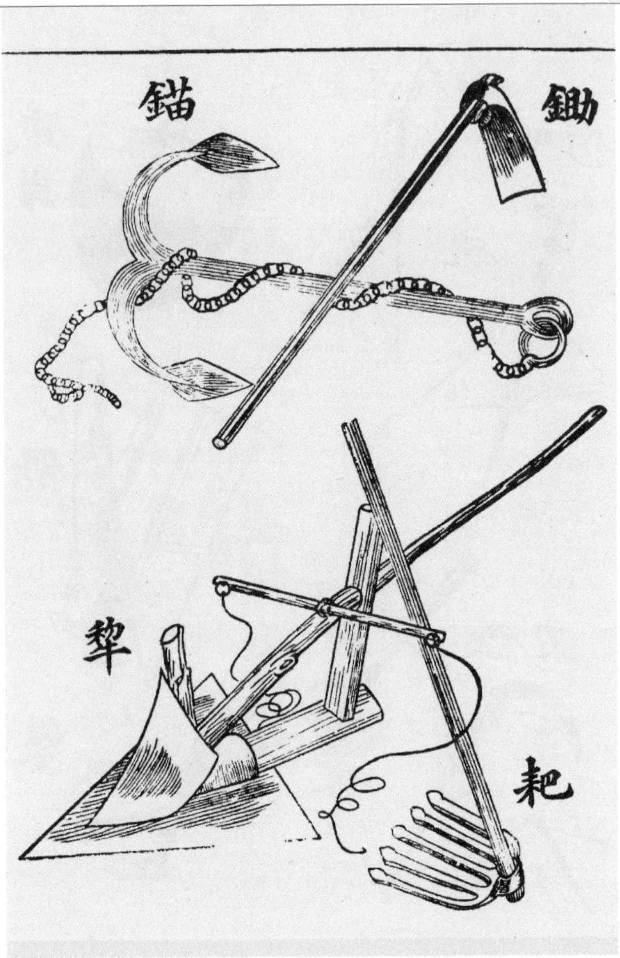

锚、锄、犁、耙。

强本　戰　臺　攻堅　郭

兵器

强國之道。以兵爲本。用兵之道。以器爲先。今日製造精巧。戰鬪用槍礮。猛烈無比。陸有礮臺。海有戰艦。攻守之具。日益堅利。古之城郭弓矢。至今日皆無用矣。

第 72 课　兵器

强国之道，以兵为本；用兵之道，以器为先。今日制造精巧，战斗用枪炮，猛烈无比。陆有炮台，海有战舰，攻守之具，日益坚利。古之城郭弓矢，至今日皆无用矣。

渡 排雁施鮮豔奪卷輝映 槳捷

競渡

端陽競渡。衆集江濱觀之。見龍舟十餘。排列如雁行。舟旁施彩色。鮮豔奪目。紅旗卷舒。與日光相輝映。忽聞鑼鼓聲起。衆舟鼓槳而前。競逐如飛。其一行最捷。

第 73 课 竞渡

端阳竞渡，众集江滨观之。见龙舟十余，排列如雁行。舟旁施彩色，鲜艳夺目。红旗卷舒，与日光相辉映。忽闻锣鼓声起，众舟鼓桨而前，竞逐如飞。其一行最捷，得锦标。众皆欢呼，声如雷动。

錦標

得錦標。衆皆歡呼。聲如雷動。

覽 祥　撻 楚　泣　諫

爱兄

王覽者。王祥之異母弟也。母朱氏。遇祥無道。屢加撻楚。覽輒抱持涕泣。稍長。常諫其母。母不聽。

第 74 课 爱兄

王览者，王祥之异母弟也。母朱氏，遇祥无道，屡加挞楚，览辄抱持涕泣。稍长，常谏其母，母不听。母以非理使祥，览辄与俱；或虐使祥妻，览妻亦趋而共之。朱氏卒感悟，厚待祥。

俱 虐 趨 卒待

母以非理使祥。覽輒與俱。或虐使祥妻。覽妻亦趨而共之。朱氏卒感悟。厚待祥。

魏文侯

第 75 课 魏文侯

魏文侯与虞人约期而猎，及期，天雨，饮酒乐，命驾将出。左右曰：今日饮酒乐，天又雨，君将安之？文侯曰：吾与虞人期猎，岂可失约哉。乃自往罢之。

魏侯約期

魏文侯與虞人約期而獵。及期。天雨，飲酒樂。命

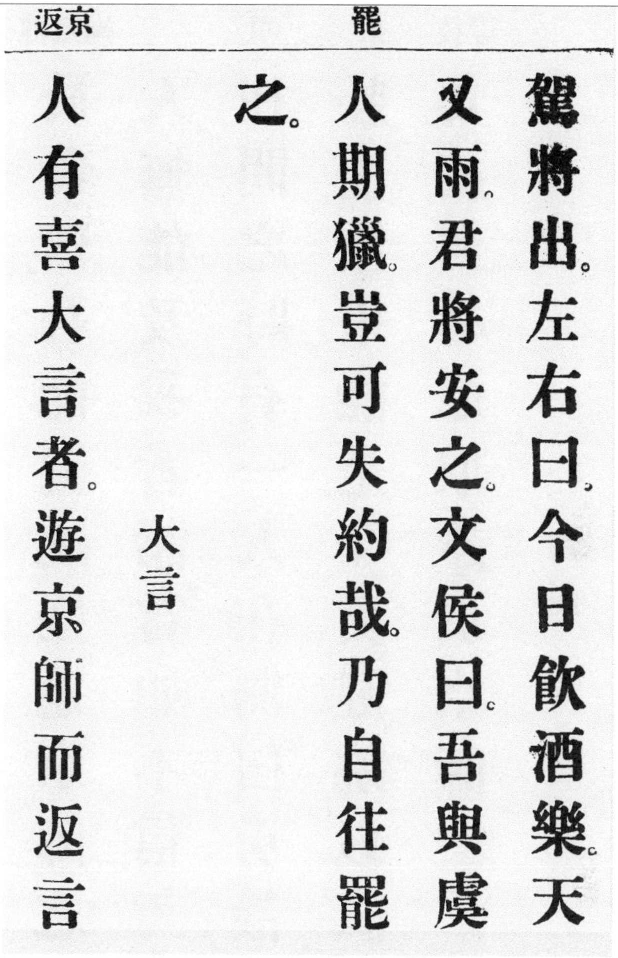
罷　京返

駕將出。左右曰。今日飲酒樂。天又雨。君將安之。文侯曰。吾與虞人期獵。豈可失約哉。乃自往罷之。

大言

人有喜大言者。遊京師而返言

第 76 课 大言

人有喜大言者，游京师而返，言于众曰：吾能健跳极远，京师之人，无能及我者。诸君如不信，可往问之。时有一人在侧曰：勇哉壮士！汝果能是，今更健跳以试其技，何必远取证于京师？

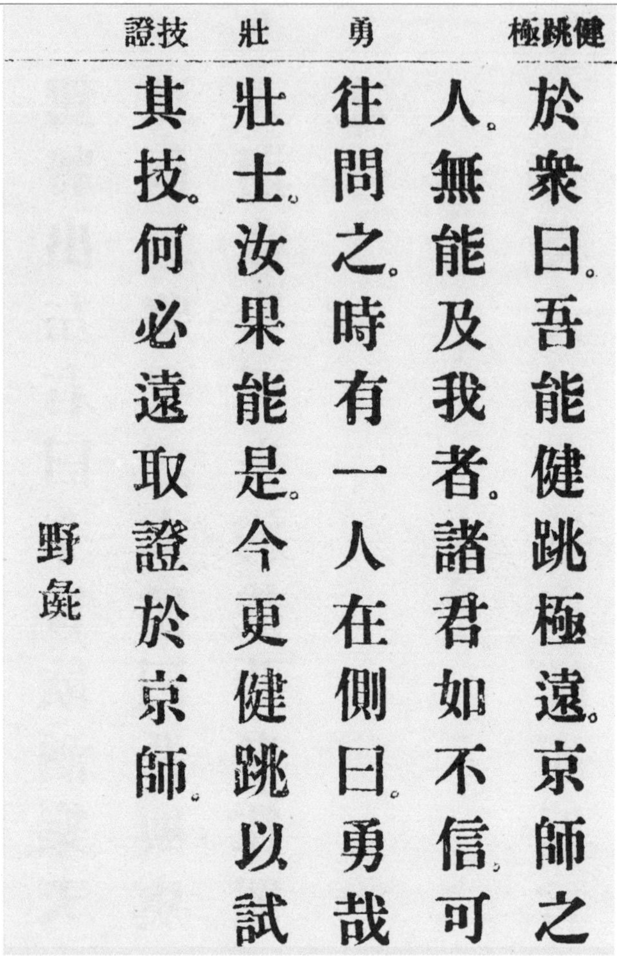
健跳極　勇　壯　技證

於衆曰。吾能健跳極遠。京師之人。無能及我者。諸君如不信、可往問之。時有一人在側曰。勇哉壯士。汝果能是。今更健跳以試其技。何必遠取證於京師。

野彘

第 77 课 野彘

野彘休于林中，以牙砺树根，勤勤不息。狐过之，问曰：今无猎人与狗足以害君者，奚自砺其牙为？野彘曰：凡事当防未然。临敌而砺，晚矣。

彘　礪　狐

野彘休於林中，以牙礪樹根。勤勤不息。狐過之

奚　防　晚　涸　議　徙

問曰。今無獵人與狗。足以害君者。奚自礪其牙爲。野彘曰。凡事當防未然。臨敵而礪。晚矣。

蟆

二蟆同居小池。天久不雨。池涸。議他徙。路過一井。其一悅之。將

第 78 课 蟆

二蟆同居小池，天久不雨，池涸，议他徙。路过一井，其一悦之，将跃入。其一曰：井水固佳，苟有他故，不适吾意，又焉能出？故但顾目前而不图其后者，取祸之道也。

佳　適焉　圖禍

躍入。其一日。井水固佳。苟有他故。不適吾意。又焉能出。故但顧目前而不圖其後者。取禍之道也。

夏至諺

夏至後。

第 79 课　夏至谚

夏至后：

一九至二九，扇子不离手。三九二十七，冰水甜如蜜。四九三十六，拭汗如出浴。五九四十五，树头秋叶舞。六九五十四，乘凉不入寺。七九六十三，上床寻被单。八九七十二，被单添夹被。九九八十一，家家打炭墼。

離　舞　寺　尋

一九至二九。
三九二十七。
四九三十六。
五九四十五。
六九五十四。
七九六十三。

扇子不離手。
冰水甜如蜜。
拭汗如出浴。
樹頭秋葉舞。
乘涼不入寺。
上牀尋被單。

添　墼　呂蓬籍雜唾洟埃堆灑責

八九七十二。被單添夾被。

九九八十一。家家打炭墼。

不潔之害

呂生蓬首垢面。衣服污穢。書籍器具。雜陳几上。室中唾洟滿地。塵埃堆積。不事灑掃。其師責之。

第 80 课　不洁之害

吕生蓬首垢面，衣服污秽，书籍器具，杂陈几上。室中唾涕满地，尘埃堆积，不事洒扫。其师责之，吕生曰：我志在读书，无暇及此。师曰：卫生之道，清洁为主。若以读书而伤生，非所宜也。

呂生曰。我志在讀書。無暇及此。師曰。衛生之道。清潔爲主。若以讀書而傷生。非所宜也。

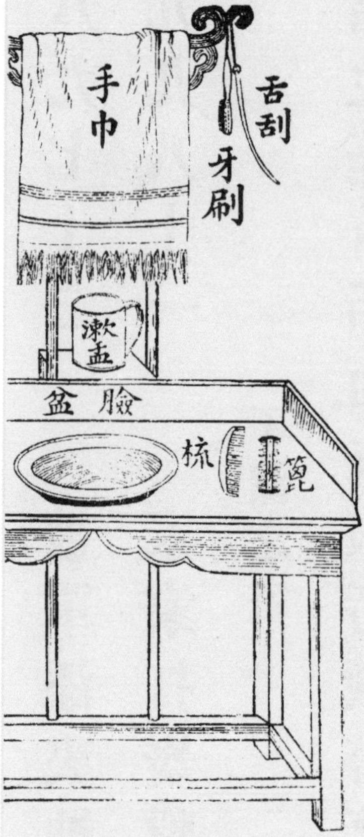

手巾、牙刷、舌刮、漱盂、脸盆、梳、篦。

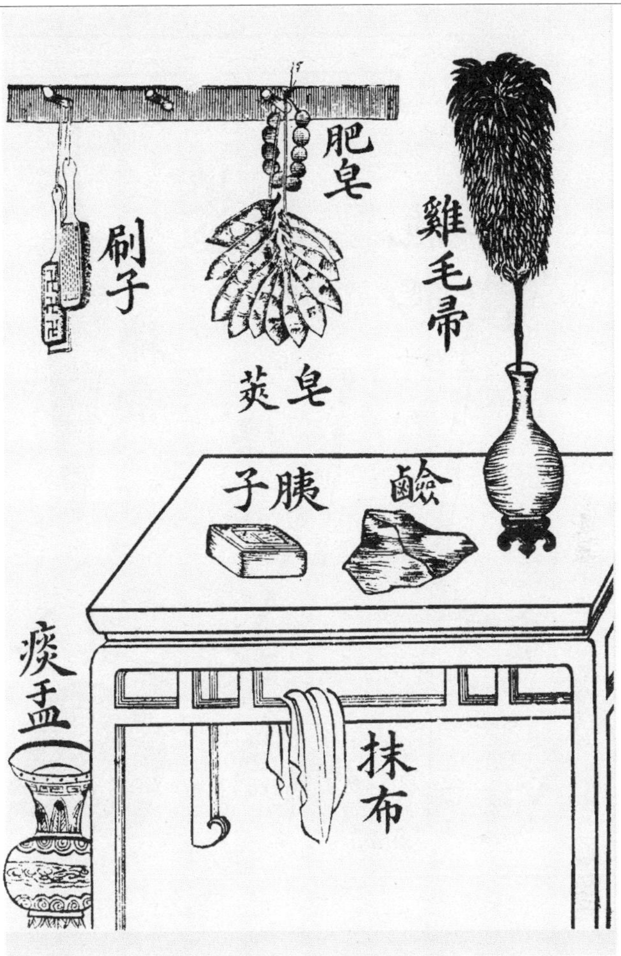

刷子、肥皂、皂荚、鸡毛帚、胰子、碱、痰盂、抹布。

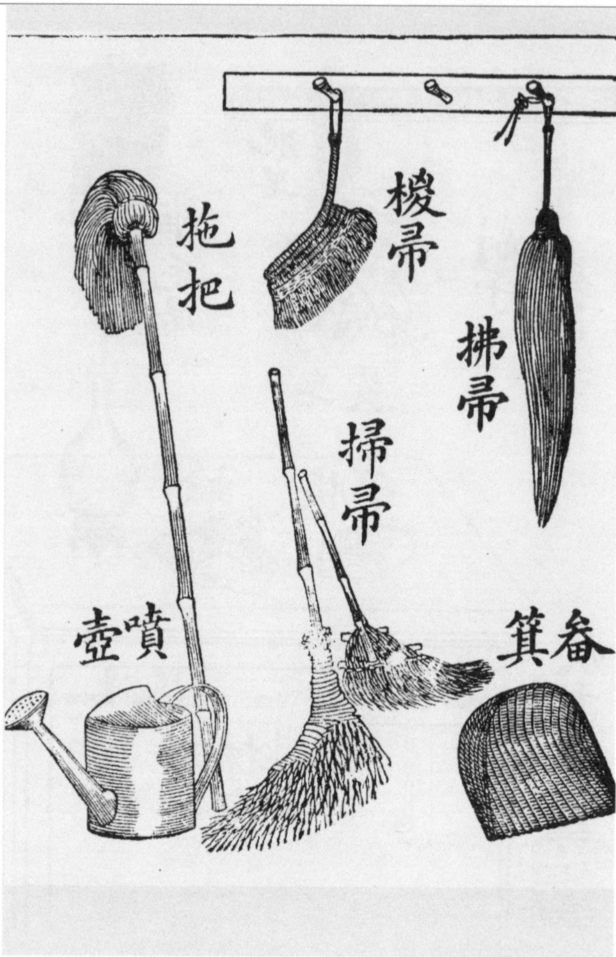

拖把、棕帚、拂帚、喷壶、扫帚、畚箕。

印度菜　象　逸檻奔避

象

印度有婦人。以賣菜爲業。每見象至。必以餘菜飼之。一日。象怒。逸檻而出。路人奔避。婦有幼子。

第 81 课 象

印度有妇人，以卖菜为业。每见象至，必以余菜饲之。一日象怒，逸槛而出，路人奔避。妇有幼子，方戏于道中，未及抱持，惶急无措，众为危之。及象至，熟视妇子，卷以鼻，置于路侧，竟无所伤。

措 危 捲

方戲於道中。未及抱持。惶急無措。衆爲危之。及象至。熟視婦子。捲以鼻。置於路側。竟無所傷。

仍改　鳩逢

梟逢鳩

梟逢鳩。鳩曰。汝將安適。梟曰。我將徙於東方。鳩曰。何故。梟曰。西方之人。皆惡我鳴。故東徙。鳩曰。汝能改其聲。西方仍可居也。若不改。東方之人。亦將惡汝矣。

第 82 课　枭逢鸠

枭逢鸠，鸠曰：汝将安适？枭曰：我将徙于东方。鸠曰：何故？枭曰：西方之人，皆恶我鸣，故东徙。鸠曰：汝能改其声，西方仍可居也；若不改，东方之人，亦将恶汝矣。

第 83 课 二虎

天方暑，二虎饮于小湫，争水而斗。疲而少息，仰见雕鹗，盘旋空际，将伺其毙而食其肉。二虎大悟，曰：吾今且息争，勿自戕同类，以果异族之腹。

湫　疲　鵰　鶚

於小湫。爭水而鬬。疲而少息。仰見鵰鶚。盤

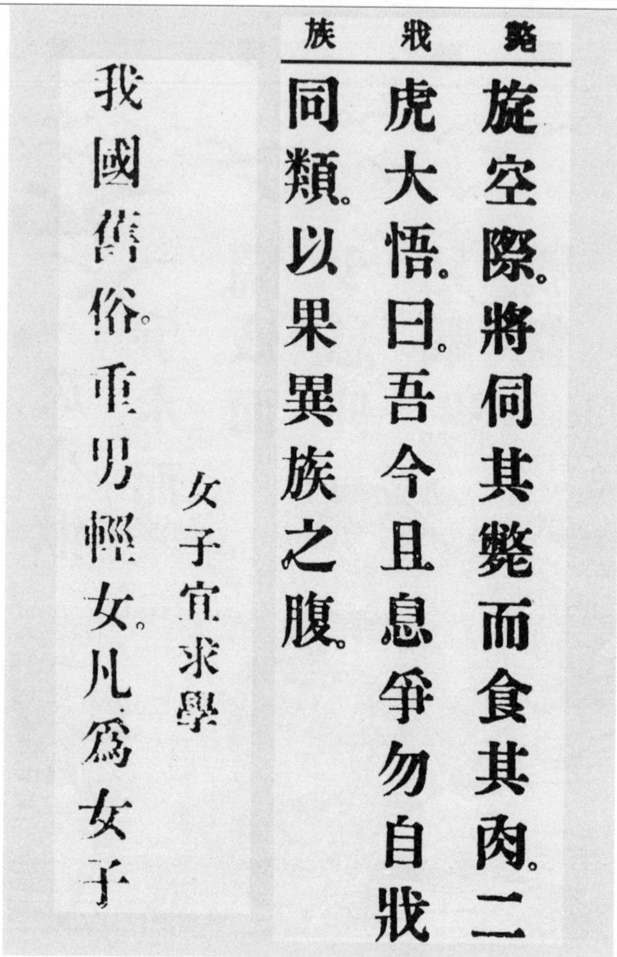
鷙戕族

旋空際。將伺其斃而食其肉。二虎大悟。曰。吾今且息爭勿自戕同類。以果異族之腹。

女子宜求學

我國舊俗。重男輕女。凡爲女子

第 84 课 女子宜求学

我国旧俗，重男轻女。凡为女子者，幽居深闺，不事学问，非特古今大事；未之闻知，即作书信、理帐目，亦多倚赖他人。今女学渐兴，旧俗渐改，少年女子，亟宜求学以图自立，庶不为人所轻视也。

幽閨特　賴　亟　庶

者。幽居深閨。不事學問。非特古今大事。未之聞知。卽作書信。理帳目。亦多倚賴他人。今女學漸興。舊俗漸改。少年女子。亟宜求學以圖自立。庶不爲人所輕視也。

兄弟入學

兄與弟。同入學堂。弟曰。今日炎熱。吾欲與兄遊河濱。兄曰。爾當入學讀書。無暇遊也。適一蜂飛過其前。兄指謂弟曰。彼小蟲耳。

第 85 课 兄弟入学

兄与弟同入学堂，弟曰：今日炎热，吾欲与兄游河滨。兄曰：尔当入学读书，无暇游也。适一蜂飞过其前，兄指谓弟曰：彼小虫耳，采花酿蜜，终日营营，不复休息。汝人也，乃不如虫乎？弟感悟，遂勤学。

採花釀蜜。終日營營。不復休息。汝人也。乃不如蟲乎。弟感悟。遂勤學。

第 86 课 大雨

午饭既毕，天气郁蒸，苍蝇纷飞庭前。少顷，大风陡起，沙尘扑面。黑云自西北来，电光四射，雷声隆隆，大雨骤至，沟浍皆盈。未几，雨霁，夕阳反照墙隅，豁然开爽，暑热尽退。

蒸　紛　陡　溝　澮

氣鬱蒸。蒼蠅紛飛庭前。少頃。大風陡起。沙塵撲面。黑雲自西北來。電光四射。雷聲隆隆。大雨驟至。溝澮皆盈。未幾。雨霽。夕陽反照牆隅。豁然開爽。暑熱盡退。

幢駐

走馬燈

元宵。父攜兒遊燈市。肆中高懸走馬燈。兒駐足觀之。見燈中人影幢幢往來。步者。騎者。持刀者。荷鋤者。采薪者。帶犬行者。持竿垂釣者。循環不絕。兒曰。燈中人影。何以能行動乎。父曰。翦紙爲人物。黏於竹環。環中豎小軸。以鐵絲系之。軸承紙輪。置火其下。

第 87 课 走马灯

元宵，父携儿游灯市。肆中高悬走马灯，儿驻足观之，见灯中人影幢幢往来。步者、骑者、持刀者、荷锄者、采薪者、带犬行者、持竿垂钓者，循环不绝。儿曰：灯中人影，何以能行动乎？父曰：剪纸为人物，黏于竹环，环中竖小轴，以铁丝系之。轴承纸轮，置火其下，则灯中空气受热而为风，上激纸轮，故能旋转不息。乃购一具归，指示之，儿始悟。

則燈中空氣。受熱而爲風。上激紙輪。故能旋轉不息。乃購一具歸。指示之。兒始悟。

勤勉

父集諸兒。問之曰。家中孰爲最勤勉者。爾輩試指以告我。

第 88 课 勤勉

父集诸儿，问之曰：家中孰为最勤勉者？尔辈试指以告我。长儿曰：莫若佃工，终日不息。次儿曰：莫若黑犬，终夜不息。父曰：非也。少者曰：其蜜蜂乎？书中屡言之。父曰：蜜蜂冬日伏处，不得为勤，儿更思之。诸儿苦思不能得，请示于父。父指壁上时辰钟，告诸儿曰：是物无冬无夏，无昼无

佃　差

長兒曰。莫若佃工。終日不息。次兒曰。莫若黑犬。終夜不息。父曰。非也。少者曰。其蜜蜂乎。書中屢言之。父曰。蜜蜂冬日伏處。不得爲勤。兒更思之。諸兒苦思不能得。請示於父。父指壁上時辰鍾。告諸兒曰。是物無冬無夏無晝無夜。終歲行動不少休息。且未嘗有時刻之差。故凡物之最勤勉者。莫此鐘若。凡物之最

夜，终岁行动，不少休息，且未尝有时刻之差。故凡物之最勤勉者，莫此钟若；凡物之最有信者，亦莫此钟若也。

有信者。亦莫此鐘若也。

時辰鐘

文化未開之人。覩日出而知晨。覩日入而知夜。花開而知春。葉落而知秋。飢則食。渴則飲。困倦則睡。其事簡。其時閒。所謂太古之世也。

文化漸開。事漸繁。而時亦漸珍。於是乎豎表以測日影。製漏以記時刻。而人乃得按

第 89 课 时辰钟

文化未开之人，睹日出而知晨，睹日入而知夜。花开而知春，叶落而知秋。饥则食，渴则饮，困倦则睡。其事简，其时闲，所谓太古之世也。

文化渐开，事渐繁，而时亦渐珍。于是乎竖表以测日影，制漏以记时刻，而人乃得按时作事，规则亦稍稍具矣。

自时辰钟出，其制益精，其时益准。分每日为二十四点

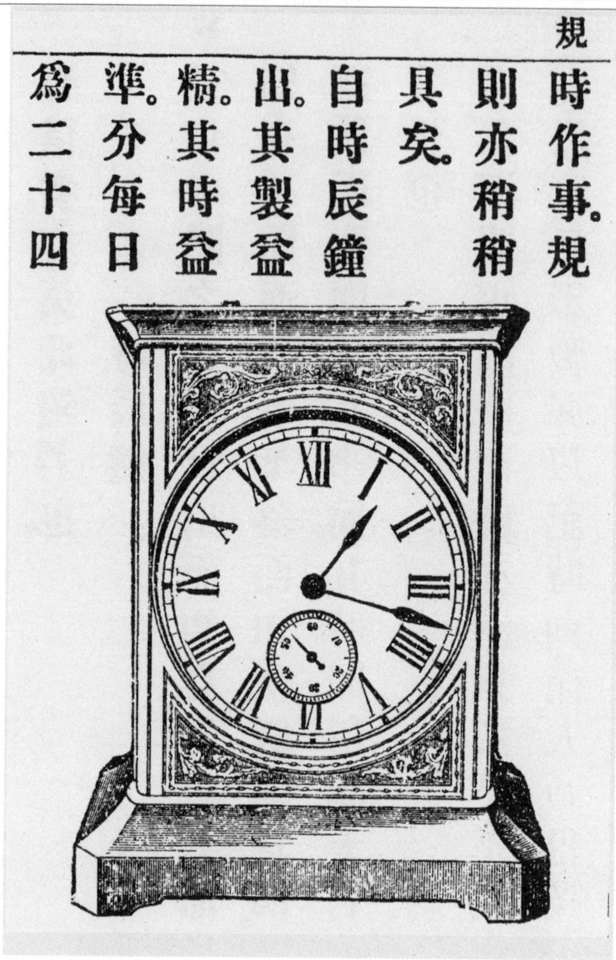

規

時作事。規則亦稍稍具矣。自時辰鐘出。其製益精。其時益準。分每日爲二十四

钟，钟有六十分，分有六十秒。盖文明之世，人事愈繁，故分时亦愈细也。

时辰钟之制，创自英国，我国人亦用之，然徒以为饰观之具，初未知时之可贵也。

吾闻英人最重时刻，凡一举一动，莫不严守规定之时刻，點鐘。鐘有六十分。分有六十秒。蓋文明之世。人事愈繁。故分時亦愈細也。

續

時辰鐘之製。創自英國。我國人亦用之。然徒以爲飾觀之具。初未知時之可貴也。吾聞英人最重時刻。凡一舉一動。莫不嚴守規定之時刻。故成功既多。而精力不疲我國則不然。飲食臥起。率無定時。而家事

故成功既多，而精力不疲。我国则不然，饮食卧起，率无定时，而家事乱矣；操业就职，作辍无常，而生计荒矣。他如游宴会集，以及亲朋之相过从，又不如期而至，使人困于久待。积习相沿，若几不知时刻为何用者。呜呼！时辰钟一小器耳，观于用器之人，可以觇文化之高下矣。

亂矣。操業就職。作輟無常。而生計荒矣。他如遊讌會集。以及親朋之相過從。又不如期而至。使人困於久待。積習相沿。若幾不知時刻爲何用者。嗚呼。時辰鐘一小器耳。觀於用器之人。可以覘文化之高下矣。

黔之驢

黔無驢。有好事者。船載以入。至則無可用。放之山下。虎見之。龎然大物也。以爲神。蔽

第 90 课 黔之驴

黔无驴，有好事者船载以入。至则无可用，放之山下。虎见之，庞然大物也，以为神，蔽林间窥之。稍出近之，慭慭然莫相知。他日驴一鸣，虎大骇，远遁，以为且噬己也，甚恐。然往来视之，觉无异能者，益习其声。又近出前后，终不敢搏。稍近益狎，荡倚冲冒，驴不胜怒，蹄之。虎因喜曰：技止此耳。因跳踉大㘎，断其喉，尽其肉乃去。

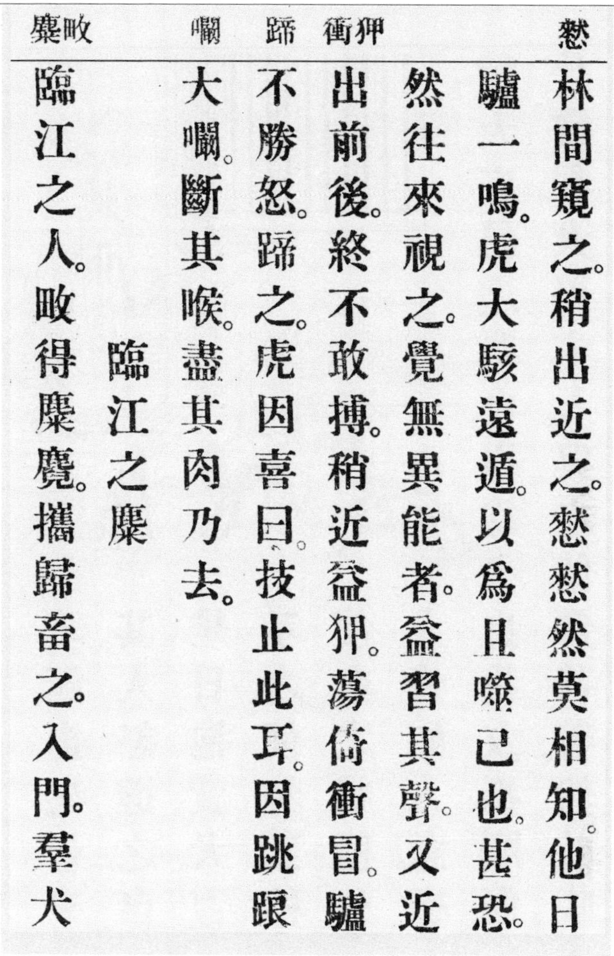

慗　狎衝　踉　㘚　畋麋

林間窺之。稍出近之。慗慗然莫相知。他日驢一鳴。虎大駭遠遁。以爲且噬己也。甚恐。然往來視之。覺無異能者。益習其聲。又近出前後。終不敢搏。稍近益狎。蕩倚衝冒。驢不勝怒。蹄之。虎因喜曰。技止此耳。因跳踉大㘚。斷其喉。盡其肉乃去。

臨江之麋

臨江之人。畋得麋麑。攜歸畜之。入門。羣犬

第 91 课 临江之麋

临江之人，畋得麋麑，携归畜之。入门，群犬垂涎，扬尾皆来，其人怒挞之。自是日抱就犬，习示之，使勿动。稍使与之戏，积久，犬皆如人意。麑稍大，忘己之麑也，以为犬良我友，抵触偃仆，益狎。犬畏主人，与之俯仰甚善。然时啖其舌，三年，麑出门外，见外犬在道，甚众，走欲与为戏。外犬见而喜且怒，共杀食之，狼藉道上。麑至死不悟。

垂涎。揚尾皆來。其人怒撻之。自是日抱就犬。習示之。使勿動。稍使與之戲。積久。犬皆如人意。麑稍大。忘己之麑也。以爲犬良我友。抵觸偃仆。益狎。犬畏主人。與之俯仰甚善。然時啖

藉　拘　僮

其舌。三年。麑出門外。見外犬在道。甚衆。走欲與爲戲。外犬見而喜且怒。共殺食之。狼藉道上。麑至死不悟。

永某氏之鼠

永有某氏者。拘忌異甚。以爲己生歲値子。鼠。子神也。因愛鼠。不畜貓。禁僮僕勿

第 92 课　永某氏之鼠

永有某氏者，拘忌异甚。以为己生岁值子，鼠，子神也，因爱鼠，不畜猫，禁僮仆勿击鼠。仓廪庖厨，悉以恣鼠，不问。由是鼠相告，皆来某氏，饱食而无祸。某氏室无完器，椸无完衣，饮食大率鼠之余也。昼累累与人兼行，夜则窃啮斗暴。其声万状，不可以寝，终不厌。数岁，某氏徙居他州。

廩庖　椸　態　撤

擊鼠。倉廩庖廚。悉以恣鼠。不問。由是鼠相告。皆來某氏。飽食而無禍。某氏室無完器。椸無完衣。飲食大率鼠之餘也。晝累累與人兼行。夜則竊嚙鬭暴。其聲萬狀。不可以寢。終不厭。數歲。某氏徙居他州。後人來居。鼠爲態如故。其人惡之。乃假五六貓。闔門。撤瓦。灌穴。羅捕之。殺鼠如邱。嗚呼。彼以其飽食無禍。爲可恆也哉。

后人来居，鼠为态如故。其人恶之，乃假五六猫，阖门，撤瓦，灌穴，罗捕之，杀鼠如邱。呜呼！彼以其饱食无祸，为可恒也哉。

聰盌藏吏

少慧

孫亮少聰明。嘗使人攜銀盌。就藏吏取蜜。其人恨吏。以鼠矢投蜜中。啟言守吏不謹。亮剖矢以視之曰。此器有蓋。無緣有此。若矢先在蜜中。當溼。今矢中燥。必汝所爲也。

第 93 课 少慧

孙亮少聪明，尝使人携银碗，就藏吏取蜜。其人恨吏，以鼠矢投蜜中，启言守吏不谨。亮剖矢以视之，曰：此器有盖，无缘有此。若矢先在蜜中，当湿；今矢中燥，必汝所为也。其人具服。

沖

其人具服。曹沖生五六歲。智意所及。有若成人。時曹操得巨象。欲知其重。訪之羣下。咸莫能得其理。沖曰。置象大船之上。

曹冲生五六岁，智意所及，有若成人。时曹操得巨象，欲知其重。访之群下，咸莫能得其理。冲曰：置象大船之上，而刻其水痕所至，称物以载之，则可知矣。操大悦，即施行焉。

痕　鮑　響

而刻其水痕所至。稱物以載之。則可知矣。操大悅。即施行焉。

鮑氏子

齊田氏。大會賓客於庭。中坐。有獻魚雁者。田氏視之。歎曰。天之於人厚矣。殖五穀。生魚鳥。以爲人用。衆客和之如響。鮑氏之子。年十二。與於宴。趨進言曰。萬物與我並生。類也。類無貴賤。徒以智之大小。力之强弱。

第 94 课 鲍氏子

齐田氏大会宾客于庭。中坐，有献鱼雁者。田氏视之，叹曰：天之于人厚矣。殖五谷，生鱼鸟，以为人用。众客和之如响。鲍氏之子，年十二，与于宴，趋进言曰：万物与我并生，类也；类无贵贱，徒以智之大小、力之强弱，迭相制而已。人取其可食者食之，非天本为人而生之也。且蚊蚋吮肤，虎狼食肉，岂天为蚊蚋生人、虎狼生肉者哉。

迭 蚋吮

迭相制而已。人取其可食者食之。非天本爲人而生之也。且蚊蚋吮膚。虎狼食肉。豈天爲蚊蚋生人。虎狼生肉者哉。

縣 跨 有

太湖

江蘇浙江之間。有太湖焉。周四百餘里。界跨三府。蘇州在其東。常州在其西北。湖州在其西南。濱湖之縣。凡十有三。

第 95 课 太湖

江苏浙江之间，有太湖焉。周四百余里，界跨三府。苏州在其东，常州在其西北，湖州在其西南。滨湖之县，凡十有三。

湖滨多支流，港汊无数。引水以灌田者，无虑数十万家。其地肥美，故江浙二省，皆以产米最盛闻。

慮　寥闊灘蘆葦洞　橙

湖濱多支流。港汊無數。引水以灌田者。無慮數十萬家。其地肥美。故江浙二省。皆以產米最盛聞。

湖面頗寥闊。淺灘蘆葦。一望無際。中有東西洞庭二山。凡七十二峰。羅列湖中。山上徧植果木。梅杏橙橘之屬尤盛。故四時皆饒勝景焉。

石鐘山

湖面颇寥阔，浅滩芦苇，一望无际。中有东西洞庭二山，凡七十二峰，罗列湖中。山上遍植果木，梅杏橙橘之属尤盛，故四时皆饶胜景焉。

九江之水。入於鄱陽湖。其合流處。帆檣競集。曰湖口縣。城根有石壁插江涘。世所稱石鐘山也。怪偉秀錯。若奔若墮擊其崖石。音響絕殊。窮其巔。則石益奇險峭拔。下臨無極。有江聲閣。據險爭勝。憑欄一望。廬山五老。隱見雲端。出沒無定態。

是山石質輕清。又復空中多竅。風水相值。鏘鏘然若金奏。石鐘之名。殆由於此。

第 96 课 石钟山

九江之水，入于鄱阳湖。其合流处，帆樯竞集，曰湖口县。城根有石壁插江涘，世所称石钟山也。怪伟秀错，若奔若堕，击其崖石，音响绝殊。穷其巅，则石益奇险峭拔，下临无极。有江声阁，据险争胜，凭栏一望，庐山五老，隐见云端，出没无定态。

是山石质轻清，又复空中多窍，风水相值，锵锵然若金奏，石钟之名，殆由于此。

閶 雇 眺

虎邱

四月間。余與二友出閶門。雇一舟。泛虎溪。過白公隄。舍舟而陸。登虎邱。至生公石。見春雨初收。夏雲欲蓋。巖前古樹。蒼翠宜人。循階而上。折入平遠堂。登樓遠眺。濃陰滿

第 97 课 虎丘

四月间，余与二友出阊门，雇一舟，泛虎溪，过白公堤，舍舟而陆，登虎丘。至生公石，见春雨初收，夏云欲盖，岩前古树，苍翠宜人。循阶而上，折入平远堂，登楼远眺，浓阴满径，暖烟薰麦，游云一片，摇曳远山平水间。乃下，复为山后游。高高下下，曲折而至，为吴分楚胜处。有

籬 浩　　櫂 斟 酌

徑。暖煙薰麥。遊雲一片。搖曳遠山平水間。乃下。復爲山後遊。高高下下。曲折而至。爲吳分楚勝處。有石橋二。列坐其間。上倚茂蔭。下環淸流。隔岸晚村。短籬深樹。平野浩浩。淡蕩客襟。興盡而返。沿溪放步。使舟人移櫂斟酌橋以待。因泛舟歸。已薄暮矣。

石桥二，列坐其间，上倚茂荫，下环清流。隔岸晚村，短篱深树，平野浩浩，淡荡客襟。兴尽而返，沿溪放步，使舟人移棹斟酌桥以待。因泛舟归，已薄暮矣。

淮　峽　轟劈猨猱縋

嵩山

自河以南。淮以北。山之高且秀者。無過嵩。登嵩有二道。一自西麓萬歲峯。一自東麓盧巖。而盧巖之道較平易。游人多從之。兩道交會後。過大小鐵梁峽。削壁千尋。下臨無地。鑿石駕橋以過。俯視壑中。疊石嶙峋、雷轟電劈。猨猱所不能攀縋也。又北過天

第 98 课　嵩山

自河以南、淮以北，山之高且秀者，无过嵩。登嵩有二道，一自西麓万岁峰，一自东麓卢岩，而卢岩之道较平易，游人多从之。两道交会后，过大小铁梁峡，削壁千寻，下临无地。凿石驾桥以过，俯视壑中，叠石嶙峋，雷轰电劈，猿猱所不能攀缒也。又北过天门，双峰中断，风云出入其间。折而西北，乃

瞻玲 瓏瓌 湘沅 撼儼

門。雙峯中斷。風雲出入其間。折而西北。乃上中峯之頂。此所謂太室也。極目四顧。羣峯羅列。北望河流。蜿蜒如帶。西瞻少室。玲瓏瓌異。古人嘗稱太室少室。有以也。

洞庭湖

江漢之南。湘沅之北。衆水所匯。遂成巨湖。自昔稱曰洞庭。夏秋水漲。諸湖聯合。有吞天撼地之勢。北流通大江。巴陵一角。儼然

上中峰之顶，此所谓太室也。极目四顾，群峰罗列，北望河流，蜿蜒如带；西瞻少室，玲珑瑰异。古人尝称太室少室，有以也。

屹　渚　緒

圖畫。遊者皆登岳陽樓。以賞其勝。湖中有君山。諸峯如螺。屹立水上。景狀奇絕。湖水漲時。周幾八百餘里。風起浪湧。如在海中。冬春水落。則淺者悉爲洲渚。其次亦若溝港。湖心之空曠者。僅數十里耳。自光緒二十四年。岳州闢爲商埠。始有汽船駛行湖中。以達長沙。行者便之

第 99 课 洞庭湖

江汉之南，湘沅之北，众水所汇，遂成巨湖，自昔称曰洞庭。夏秋水涨，诸湖联合，有吞天撼地之势。北流通大江，巴陵一角，俨然图画。游者皆登岳阳楼，以赏其胜。湖中有君山，诸峰如螺，屹立水上，景状奇绝。

湖水涨时，周几八百余里，风起浪涌，如在海中。冬春水落，则浅者悉为洲渚，其次亦若沟港。湖心之空旷者，仅数十里耳。

自光绪二十四年，岳州辟为商埠，始有汽船驶行湖中，以达长沙，行者便之。

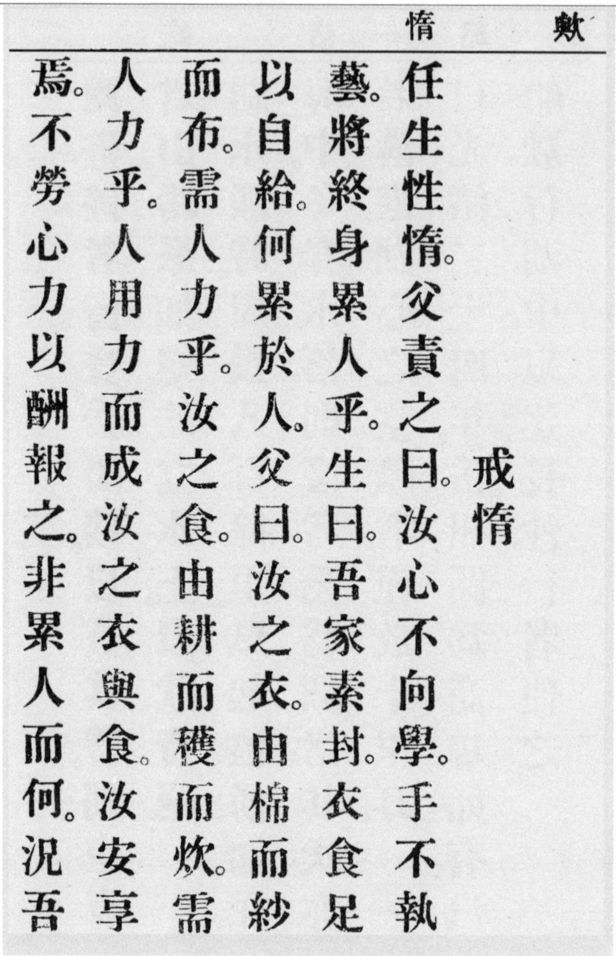
欶 惰

戒惰

任生性惰。父責之曰。汝心不向學。手不執藝。將終身累人乎。生曰。吾家素封。衣食足以自給。何累於人。父曰。汝之衣。由棉而紗而布。需人力乎。汝之食。由耕而穫而炊。需人力乎。人用力而成汝之衣與食。汝安享焉。不勞心力以酬報之。非累人而何。況吾

第 100 课 戒惰

任生性惰，父责之曰：汝心不向学，手不执艺，将终身累人乎？生曰：吾家素封，衣食足以自给，何累于人？父曰：汝之衣，由棉而纱而布，需人力乎？汝之食，由耕而获而炊，需人力乎？人用力而成汝之衣与食，汝安享焉？不劳心力以酬报之，非累人而何？况吾家之所以素封者，由乃祖乃父，戮力苦心，而后得之也。汝若无以益之而侵蚀之，其能久乎？且不幸而遭水火盗贼，流离失所，又将何以自给？任生惕然。

戮 蝕 惕 侃 州 甓 齋 優

家之所以素封者。由乃祖乃父。戮力苦心。而後得之也。汝若無以益之。而侵蝕之。其能久乎。且不幸而遭水火盜賊。流離失所。又將何以自給。任生惕然。

陶侃

晉陶侃爲廣州刺史。在州無事。輒朝運百甓於齋外。暮運於齋內。人問其故。答曰。吾方致力國家。過爾優逸。恐不堪事。故習勞

第 101 课 陶侃

晋陶侃为广州刺史，在州无事，辄朝运百甓于斋外，暮运于斋内。人问其故，答曰：吾方致力国家，过尔优逸，恐不堪事，故习劳耳。

又常语人曰：大禹圣者，乃惜寸阴；至于吾人，当惜分阴，岂可逸游荒醉，生无益于时，死无闻于后耶？

侃尝造船，竹头木屑，令人拾而藏之，众皆不解所用。后值积雪初霁，厅前余雪犹湿，乃以木屑铺地。及桓温伐蜀，造楼船，侃取所贮竹头为钉，以供装船之用。于是众皆服其精密。

益於時。死無聞於後耶。侃嘗造船。竹頭木屑。令人拾而藏之。衆皆不解所用。後値積雪初霽。廳前餘雪猶溼。乃以木屑鋪地。及桓溫伐蜀。造樓船。侃取所貯竹頭爲釘。以供裝船之用。於是衆皆服其精密。

誠實學生

先生語學生曰。堂中宜靜肅。有喧譁者。吾

第 102 课 诚实学生

先生语学生曰：堂中宜静肃，有喧哗者，吾必罚之，诸生皆帖然。久之，忽闻奇啸一声，出于座间，众皆大怪。先生四周临视，莫审啸者为谁。

帖 座 衍 嫁

必罰之。諸生皆帖然。久之。忽聞奇嘯一聲。出於座間。衆皆大怪。先生四周臨視。莫審嘯者爲誰。

先生曰。是必某生所爲。彼素不守學規也。問之。堅不承。先生弗信。以爲誑也。將罰之。忽一生出自座間。面先生曰。彼無罪。嘯者我也。我方推衍算法。垂成而誤。不覺失聲。罪固在我。不敢嫁禍他人。願受罰。審之。則

先生曰：是必某生所为，彼素不守学规也。问之，坚不承，先生弗信，以为诳也，将罚之。忽一生出自座间，面先生曰：彼无罪，啸者我也。我方推衍算法，垂成而误，不觉失声，罪固在我，不敢嫁祸他人，愿受罚。审之，则一九龄之童也。

先生执其手曰：我本不疑汝，座中亦无指摘汝者，汝乃不自欺，我安忍责汝。卒释之。

一九齡之童也。

先生執其手曰。我本不疑汝。座中亦無指摘汝者。汝乃不自欺。我安忍責汝。卒釋之。

李園童子

李園之旁。有童子居焉。家貧甚。李熟時。園人日以百錢傭童子。令為採李。童子殊謹愿。勤於其職。未嘗私取一李。園人嘉之。既畢事。必貽以數李。童子出園。鄰兒呼之曰。

第 103 课　李园童子

李园之旁，有童子居焉，家贫甚。李熟时，园人日以百钱佣童子，令为采李。童子殊谨愿，勤于其职，未尝私取一李，园人嘉之。既毕事，必贻以数李。童子出园，邻儿呼之曰：君日处园中，必厌李，怀中若有所藏，乞以饷我。童子

饜 餉

君日處園中。必饜李。懷中若有所藏。乞以餉我。童子曰。爾嗜此乎。吾手中餘一李。可畀汝。此李園人所貽。我有權以相贈也。若爲人採果而私取之。則竊耳。我雖貧困。何至行竊。鄰兒大慚而去。

罕

異寶

宋之野人。耕而得玉。獻之司城子罕。子罕不受。野人曰。以示玉人。玉人以爲寶也。故

曰：尔嗜此乎？吾手中余一李，可畀汝，此李园人所贻，我有权以相赠也。若为人采果而私取之，则窃耳。我虽贫困，何至行窃？邻儿大惭而去。

搏　璧龢　粗

敢獻之。子罕曰。子以玉爲寶。我以不貪爲寶。若與我。皆喪寶也。不若人有其寶。故宋國之長者曰。子罕非不知寶也。所寶者異也。今以百金與搏黍。以示小兒。小兒必取搏黍矣。以龢氏之璧與百金。以示鄙人。鄙人必取百金矣。以龢氏之璧與道德。以示賢者。賢者必取道德矣。其知彌精。其所取彌精。其知彌粗。其所取彌粗。

第 104 课 异宝

宋之野人，耕而得玉，献之司城子罕。子罕不受，野人曰，以示玉人，玉人以为宝也，故敢献之。子罕曰，子以玉为宝，我以不贪为宝；若与我，皆丧宝也，不若人有其宝。故宋国之长者曰：子罕非不知宝也，所宝者异也。今以百金与抟黍，以示小儿，小儿必取抟黍矣。以和氏之璧与百金，以示鄙人，鄙人必取百金矣。以和氏之璧与道德，以示贤者，贤者必取道德矣。其知弥精，其所取弥精；其知弥粗，其所取弥粗。

傳書鴿

鴿性戀舊。雖遠行至數百里。未嘗不歸其故巢。故人多畜之。或藉以爲傳書之用。

宋曲端治軍。紀律嚴明。張浚嘗案視其營。闃無一人。異之。謂之曰。吾欲點視。端以所部五軍籍進。浚命點其一部。曲端於庭間。開籠縱一鴿以往。而所點之軍隨至。張爲愕然。既而欲盡觀之。於是悉縱餘鴿。各軍

第105课 传书鸽

鸽性恋旧，虽远行至数百里，未尝不归其故巢，故人多畜之，或借以为传书之用。

宋曲端治军，纪律严明。张浚尝案视其营，阒无一人，异之，谓之曰：吾欲点视。端以所部五军籍进，浚命点其一部。曲端于庭间，开笼纵一鸽以往，而所点之军随至。张为

煥　黎　綜

頃刻而集。戈甲煥燦。旗幟精明。

三十年前。普師攻法。圍巴黎。甚急。內外隔絕。法人用鴿傳書。以通消息。及解圍後。綜計鴿所傳書。凡百餘萬。

愕然，既而欲尽观之。于是悉纵余鸽，各军顷刻而集，戈甲焕灿，旗帜精明。

三十年前，普师攻法，围巴黎，甚急。内外隔绝，法人用鸽传书，以通消息。及解围后，综计鸽所传书，凡百余万。

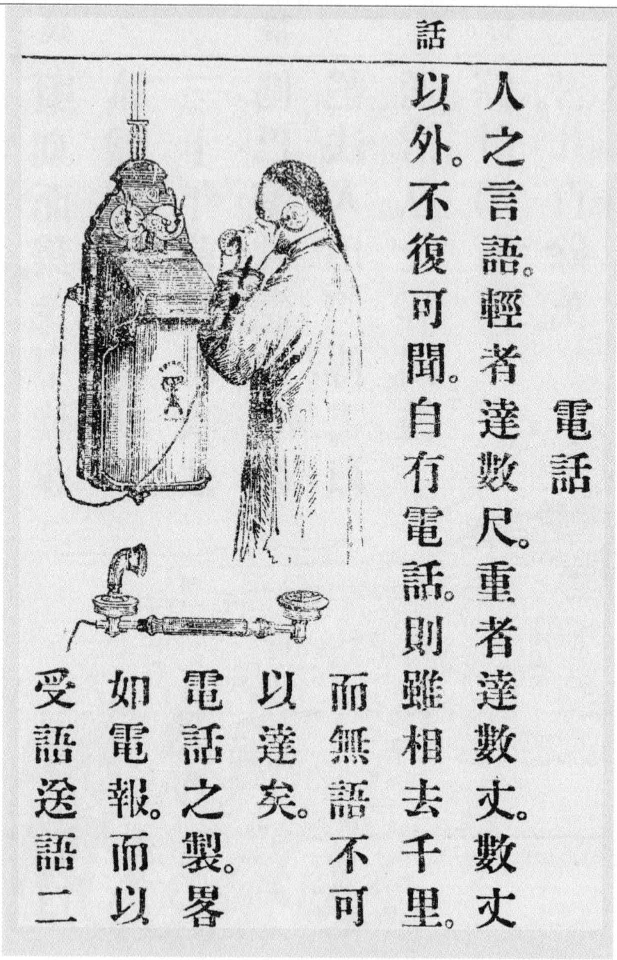
話

電話

人之言語。輕者達數尺。重者達數丈。數丈以外。不復可聞。自有電話。則雖相去千里。而無語不可以達矣。電話之製。畧如電報。而以受語送語二

第 106 课 电话

人之言语，轻者达数尺，重者达数丈。数丈以外，不复可闻。自有电话，则虽相去千里，而无语不可以达矣。

电话之制，略如电报，而以受语送语二机传达声音，故所隔虽远，对语自若，便孰大焉。

機。傳達聲音。故所隔雖遠。對語自若。便孰大焉。

幼稚之童。嘗有以數丈之線。分系其端於兩竹筒。而藉以傳細語者。其理與電話同。惟選料不精。又不知用電。故未足以及遠。然即其理而推之。則於電話之製。思過半矣。

幼稚之童，尝有以数丈之线，分系其端于两竹筒，而借以传细语者，其理与电话同；惟选料不精，又不知用电，故未足以及远。然即其理而推之，则于电话之制，思过半矣。

编后记

“上海图书馆馆藏拂尘·老课本”有三种:《商务国语教科书》《开明国语课本》《世界书局国语读本》，在岁月中尘封了将近百年。

《商务国语教科书》是庄俞等编写，张元济校订，特点是从居家、处世方面取材，以儿童周围事物和见闻立义，注意农业、工业、商业等实用知识和日常应用知识，穿插了不少聪明孩子的故事。本书自1917年初版问世，十年中共发行七八千万册，是民国时期影响最大的语文教科书。虽然文白交加的语言会让今天的学生感到陌生，但精美的图画和精炼的语句还是让人爱不释手。

《开明国语课本》由叶圣陶亲自编写，全部是创作或再创作。以确能发展儿童的阅读能力和表达能力为目标，内容紧扣儿童生活，从儿童周围开始，逐渐拓展到社会。材料活泼隽趣，文体兼容博取，文章力选各体的模式，词、句、语调切近儿童口吻，以适应儿童学习心理。初年级课本的文字用手写体，由丰子恺书写并绘插图。特点是图画与文字有机配合，这在当时同类教科书中是很新颖的做法。课本于1932年初版后印行40余版次。

《世界书局国语读本》是魏冰心等编写，薛天汉等校订，于20世纪30年代出版。这是受五四新文化影响最早用白话文编写的教科书之一。特点是课文内容中采入寓言、笑话、自然故事、生活故事、传说历史和儿童民歌，以增加学生的阅读趣味。

这套图文并茂、琅琅上口的百年老课本曾经滋养了我们的前辈，并启迪过他们的智慧。今天我们将此发掘出来，是因为这些老课本或许还具有一定的参考和借鉴的价值。考虑到今天学生的阅读习惯，我们在保留原书风貌的同时，删去了一些不合时宜的内容。原课文下附有简体字说明。

还要说明的是,由于我们得到的版本年代过久，其中一些图文已经模糊，不得已只能这般影印，还请读者多多谅解。

历史在新旧的交替中向前发展，文化在传承中不断更新，昔日的老课本对于我们今天还能觅得多少可以继承或发扬的传统呢？还能为今天的孩子们提供多少有意义有价值的教育启迪呢？这应该是在它再次面世后的评说。

——编者——

图书在版编目（CIP）数据

商务国语教科书：全2册 / 庄俞等编写. 一上海：上海科学技术文献出版社，2005（2022.6重印）
ISBN 978-7-5439-2484-0

Ⅰ.①商… Ⅱ.①庄… Ⅲ.①小学语文课一教材
Ⅳ.①G624.201

中国版本图书馆CIP数据核字（2018）第213554号

责任编辑：陈宁宁
封面设计：一步设计工作室

商务国语教科书（上下册）
SHANGWU GUOYU JIAOKESHU
庄 俞等 编写 张元济 校订
出版发行：上海科学技术文献出版社
地 址：上海市长乐路746号
邮政编码：200040
经 销：全国新华书店
印 刷：常熟市文化印刷有限公司
开 本：890×1240 1/32
印 张：13.25
版 次：2022年6月第14次印刷
书 号：ISBN 978-7-5439 -2484-0
定 价：36.00元
http: //wwwsstlp.com